小墨子的科学生活

姚煊 著

科学普及出版社
·北　京·

图书在版编目（CIP）数据

小墨子的科学生活 / 姚煊著 . —北京：科学普及出版社，2021.11

ISBN 978-7-110-10292-3

Ⅰ. ①小… Ⅱ. ①姚… Ⅲ. ①科学知识—小学—课外读物 Ⅳ. ① G624.63

中国版本图书馆 CIP 数据核字（2021）第 159906 号

策划编辑	鞠　强
责任编辑	关东东
封面设计	中文天地
正文制作	中文天地
插图绘制	黄思玄　李易轩
责任校对	焦　宁
责任印制	马宇晨

出　　版	科学普及出版社
发　　行	中国科学技术出版社有限公司发行部
地　　址	北京市海淀区中关村南大街 16 号
邮　　编	100081
发行电话	010-62173865
传　　真	010-62173081
网　　址	http://www.cspbooks.com.cn

开　　本	710mm × 1000mm　1/16
字　　数	220 千字
印　　张	18.5
版　　次	2021 年 11 月第 1 版
印　　次	2021 年 11 月第 1 次印刷
印　　刷	河北鑫兆源印刷有限公司
书　　号	ISBN 978-7-110-10292-3 / G · 4319
定　　价	48.00 元

热爱，让一切如此不同

一年四季，春夏秋冬，一共 80 个问题，几乎是每四天就会发现一个新的科学问题——这就是小墨子的科学生活。小墨子，不是很机灵，也不是很调皮，不那么乖巧，也并不木讷。总之，他就像我们身边普普通通的男孩子一样，性格并不是那么鲜明而独特，但是却有一双善于观察和发现的慧眼，更在质疑后拥有一种不会轻易放弃的探究精神，于是他就有了别样的生活体验——充满趣味与哲理的科学生活。有时候，我会忍不住在想，如果几十年如一日，小墨子每一年的生活里都有这样的 80 个科学故事，那么小墨子的一生不就是一本“百科全书”了吗?！或者，小墨子长大以后，一定就是我小时候崇拜不已的“动脑筋爷爷”！

赞叹完小墨子和他的科学生活，我也为科学的神奇而折服。是的，回眸看去，生活处处都是科学。小到一粒活性炭，大到灿烂的星空与日月同辉；近到我们熟悉的耳朵、眉毛还有泡澡，远到可能是第一次接触的石化木、大数据和史蒂芬·霍金；有具体的煮鸡蛋、果蝇和蚯蚓，也有抽象的电、风雨和泥土的味道。总之，只要我们善用自己的感官，打开自己的眼睛、耳朵、鼻孔和心灵，处处都可以感知到科学的存在。小墨子总是以他与众不同的慧眼，发现着身边每分每秒、每一方寸间的科学现象。

小墨子最令人钦佩的，还不是在于他的发现，而是发现之后的科学探究——这是一种面对生活的态度，一种令人赞赏的生活方式。他不仅会向老师、父母请教，还会和阿诺、小机灵等小伙伴讨论、分享；像动画片

《哆啦 A 梦》中的大雄一样，他也有一块无所不知的神奇电话手表，但越来越成熟的小墨子却更愿意到图书馆里去查阅资料，到卫生室里去做调查研究，和小伙伴一起动手实验。上述种种，都是科学探究的尝试。科学探究已然成为了小墨子的生活方式，与其不可分割。也因此，我相信，小墨子的科学生活并不会停留在这一年的春夏秋冬，而是必定会伴随他的一生。

这么可爱又似曾相识的小墨子是谁创造的呢？她就是我们北京第二实验小学普通但不平凡的姚煊老师。姚煊老师，有着一双总是充满笑意的大眼睛，谈吐风趣，但很好相处的她实则相当有个性。为什么这么说呢？

因为她有思想。至今我还记得，我们相识不久时，她和我谈到绘本，为了剖析绘本的分类和其中的教育思想，她自己购买了几百本经典绘本作为研究范本，我笑称那就是一个“绘本大全”了。

因为她有志向。两年前，她和我提起要给小朋友们写一本“科普读物”时，我不是很惊讶。毕竟姚煊老师不仅是一位语文教师，还是学校青青草文学社的社长；她不仅是综合实践学科的中学高级教师，更是学校第一位跨学科的高级教师。但我惊讶的是，在这繁忙的教育教学工作之余，这 80 个故事就这么写成了，而且写得如此信手拈来、生动熟悉。一方面，熟悉得让人总是能在其中找到自己，引发共鸣；另一方面，又那么耐人寻味，原来在熟悉的背后，还蕴藏着许多令人意想不到的科学的哲和理。

因为她有要求。姚煊老师从来不是将就的人，无论做任何事，因为有理想，更因为对自己有要求，她的工作总是可圈可点、让人眼前一亮。这不仅从她个人目前的成就可窥一斑，而且我以为，书中主人公小墨子的慧眼和探究，未尝不是她个人生活态度与生活方式的写照呢。

我深信，无论是谁，无论做什么，有了热爱，就会注定与众不同。姚煊老师如此，小墨子亦如此。我们都是芸芸众生中非常普通的一员，但因为有了热爱，有了因爱而产生的向善向上的行动，每一天坚持不懈、矢志不渝，于是普通的灵魂不再普通，平凡中透出光彩，而且光彩日盛，终将脱颖而出、与众不同。慧眼何来？有人说，是因为善观察；而我说，是因为热爱。探究何来？有人说，是因为好奇心；而我说，还是因为热爱。只有有这份热爱，才会穿越熟视无睹，看到背后的玄妙或者奇怪，造就出一双慧眼；只有有这份热爱，才会不辞辛苦、不轻言放弃，才会喋喋不休、追问不停，或者尝试不断、不达目标不罢休，铸就出一份探究精神。

在此，向姚煊老师——这位勇于挑战自己、乐于分享己得的同行致敬；向小墨子学习，不仅学习他的慧眼，更要学习那种科学探究的生活态度和生活方式。而我更要向二人身上那种对生活、对科学深层的热爱与尊重表达敬意。这正是当下国民教育中最重要的部分！让我们共勉。

芦咏莉

北京第二实验小学党委副书记、校长

国家督学，中国教育学会常务理事

第十三届北京市政协委员

2021 年 10 月

序

每个人在成长的过程中总会有些相随长大的伙伴，他们或是你从小在一个小区里一起长大的发小，或是在一个班里有时共同淘气、有时又暗暗较劲儿的同学，亦或是某个动画片中的角色。在我们的成长过程中，伙伴的存在尤显珍贵。

当你翻开这本书的时候，会认识几个新伙伴，他们是：小墨子，他的好朋友阿诺，小墨子神奇的电话手表，以及小墨子的家人、同学和老师。当然，主人公小墨子并不是一个完美的孩子，他有自己的小脾气，有时会莫名地沾沾自喜，有时还喜欢偷个懒……但他天性善良、热忱，对外界始终怀有一颗好奇心，爱探索，爱运动，还爱读书。其实，小墨子不仅是书中的主人公，他可能就是你，是你身边的某个朋友，也可能是你认识的几个人特点的集合体。

这里还要对神奇的电话手表特别交代几句：它是这里一个神奇的存在，除了惯常的功能，它还能与自己信任的小墨子和阿诺对话，同他们分享有趣的知识；它能和小动物对话，还能用超出人类嗅、触、听、看、尝这些感觉的能力去认识这个世界。

小读者可能想问：真的有神奇的电话手表吗？在书中，这是一个虚构的角色；但假以时日，也许我们每个人真的都能拥有这样一个伙伴。

我希望这本书传递的不仅是一些科学知识和科学观念，更重要的是一种积极健康向上的生活理念，一种平等和谐的家庭氛围。读完这本书，我希望小墨子的科学生活能够在你的现实生活中继续。毕竟在这个世界上，特别是在生活中，只要你留心、用心，就会发现需要探究和揭示的科学问题永远无法穷尽。所以，别停下，请继续发现，继续思考，继续探究。

现在，让我们一起走进小墨子的科学生活吧。

姚煊

2021 年 10 月

目 录

MU LU

春 · CHUN

夏·XIA

秋 · QIU

冬 · DONG

春

CHUN

1. 活性炭的妙用

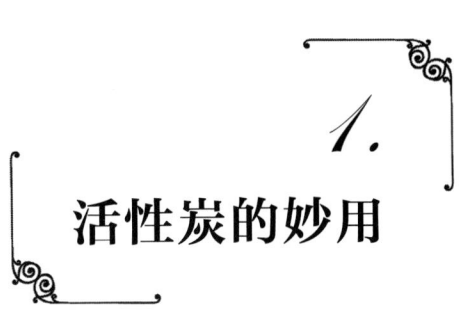

经过长长的一个假期，除了有些同学因为没有抓紧时间按时完成假期作业外，更多同学还是很期盼开学的。

终于开学了，大家都回到了班级当中。经过一个假期，大家都有太多的新鲜事儿和见闻要一起交流，话匣子一打开就关不上。老师还是那么善解人意，不仅给大家提供了聊天时间，还安排大家在校园里四处转转。学校利用假期时间，对很多设施都进行了修整。同学们欣喜地发现，这边新增了机器人教室，那边新开垦了一小片菜园，在另一边还设置了生物角……

当然，最直观的变化还是教室和楼道的墙面都重新进行了粉刷。最让大家兴奋的是，每位同学在教室里都拥有了自己的小柜子。同学们终于告别了把书包放在地上的时代，一些常用的学习用品，比如字典、画笔等，也能放在柜子里，不必再每天背来背去。

终于到了分配柜子的激动时刻。当拿到要贴在柜子上的姓名标签时，大家都认真极了。有的同学甚至还先用铅笔打了个草稿，才正式用钢笔把自己的名字写上去。

贴好标签后，大家纷纷把自己的柜子打开了。

“嚯！真大！”

“小机灵，明天我就把要借你的书带来，这就有地方放了！”

……

“哎，这是什么？”小墨子一扭头，发现阿诺手里举着一个小小的、方方正正的无纺布包。

“我这儿也有。”“哎，我这里也有。”接着又有七八个同学纷纷表示自己的柜子里也有这种无纺布包。

“把它们放回柜子里吧，这是学校用来吸附新柜子里的甲醛的。”

“哦，是活性炭。我们家装修后妈妈也弄了一些这种东西，说是可以净化空气。”

“但是活性炭是怎样净化空气的呢？”

“它有这么神奇吗？”

大家对于活性炭的好奇显然已经取代了对新柜子的新鲜感。同学们议论纷纷，上课铃响了都没听到，甚至连科学老师走进教室都未觉察。

啪啪啪！几声响亮的击掌声，一下子让大家安静下来。大家看见科学老师已经站在讲台上，再听听已经安静了的楼道，都迅速把书包放进柜子里，回到了各自的座位上。

“大家在讨论什么啊？这么热烈。”科学老师语气平和，也没有生气的样子。科学老师很喜欢小墨子和他的同学们，他们都很善于发现问题，也很善于提问，有的问题大家在课上觉得讨论得不深入会下课继续研究，还会去向老师请教。

“我的课代表，你来说说大家刚才在讨论什么吧。”老师扫视了同学们一圈，最后把目光停留在小墨子身上。

“老师，我们是在好奇活性炭的作用。”

“哦，是这样啊！”老师露出了欣慰的笑容，只见她缓缓地从背后拿出一袋和同学们柜子里的无纺布包一样的活性炭，但被剪了一个开口。“刚好我有一个被拆开的活性炭包，现在我给每个小组分一些活性炭，我们这节课就来研究它。”

“哇，老师太棒了！”大家不禁欢呼起来。

每个小组的同学得到一小撮活性炭颗粒后，开始按照规范的方式观察起来，并拿出自己的科学记录本进行记录。在之后的交流环节，大家各抒己见，科学老师不禁点了点头：“好的，同学们的观察交流都很认真，下面我来补充一些内容。”

同学们听到这儿，都抬起头看着老师播放的PPT。

“首先我们要了解活性炭的分类：按生产原料，可以分为木质、煤质、果壳类和石油焦活性炭；按外观，则可分为粉状、颗粒、其他形状几种。学校用的这种，就是颗粒状木质活性炭。来，小墨子，你能给大家讲讲吗？”

“老师，我前段时间刚好看过一本讲现代生活污染问题的书，里面讲到了活性炭。”

“很好，那就请展开讲一讲吧。”老师示意小墨子给大家分享自己的收获。

“活性炭是一种多孔性物质，它有很强的吸附性，安全性高，耐热，不溶于水，还容易再生，是一种非常友好的吸附剂。”小墨子停了一下，看见科学老师微笑着冲他点了点头，又接着说，“正是因为有很强的吸附性，活性炭不仅能处理污水，还能对大气污染进行防治，因此它被广泛运用在化工、环保和食品加工等很多方面。”

小墨子说完，老师赞许地拍了拍他，对大家说：“谢谢小墨子的分享，大家还有什么补充吗？”大家摇了摇头。老师说：“那好，我想拜托同学们一件事，请你们每周一把活性炭包拿到教室通风的地方晒一下。因为活性炭的吸附是会饱和的，如果不及时通过暴晒和通风将有害物质排出，它们会将吸附的有害物质重新释放到空气里。”

听到老师这样说，柜子里有活性炭包的同学们都纷纷用力点头，如同接到了一个重任。

“好了，这个新增的内容我们就交流到这里。下面请大家打开《科学》课本，翻到目录这一页，我们先把这个学期要学的知识点梳理一遍。”

2.
眼里有人，心里有人

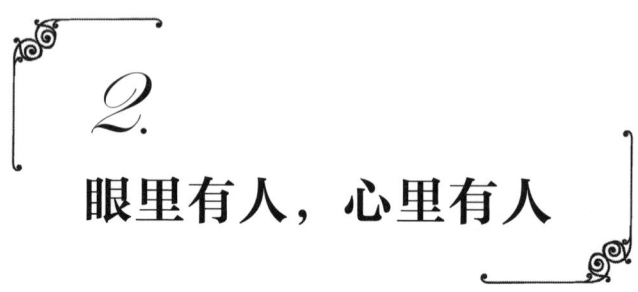

叮咚，叮咚……周六一大早，门铃响了起来。小墨子和爸爸都从房间出来要去开门。

“爸爸，这么早会是谁？”小墨子问道。

“刚看了物流信息，应该是快递。我又给你买了一本书，能告诉你数学在生活中有什么用处。还真快，昨天中午订的，今天就到了。希望你能喜欢。”

“哇，谢谢爸爸！”

从爸爸手中接过快递，小墨子熟练地剪开包装，撕掉上面打印着个人信息的快递单，然后将这些垃圾分类收好，洗好手后，踏踏实实坐下看了起来。

“怎么样？当看似高深的数学和生活中的事物联系起来时，是不是感觉学习都变得有趣了？”爸爸也凑过来问。

“嗯，看到与生活相关的知识时，我更有兴趣了。”小墨子说，“不过您知道吗，我现在对设计产生了兴趣，因为我最近深刻地感受到它对生活产生的重要影响。”

“此话怎讲？”

“昨天我和阿诺回家，刚出校门不久，两位低年级的小同学在前面一边玩儿一边走，其中一位突然使劲儿跑起来，还没跑两步就被道路上拱起的树根绊倒了，疼得直哭。我和阿诺赶紧过去把他扶起来，一看，膝盖都磕破了。我们就把他送到校医室去了，还好他是刚起步就绊倒了，只是轻微擦伤。”小墨子一口气说完，看着爸爸，看见爸爸若有所思地点了点头，便接着说："后来我就一路盯着地面，发现这种因为大树的树根生长把地面拱起来的现象不在少数。我昨天晚上查了一下，知道这些都是浅根系的植物，它们的主根不发达，根系的大部分都分布在土壤的表层。您说这个是不是就属于道路园林规划设计的问题？”

“你说得很有道理。当时人们种下这些树，肯定更多是考虑它们适应这里的气候，比如耐寒、耐旱、抗风沙，没有想到树长大了会有根系拱起的问题。”

“然后我又想到我们学校楼道楼梯的扶手就设计得特别好，特别给低年级同学在正常高度扶手的下面安装了一层矮一些的扶手。我在低年级的时候，总是要使劲儿够才能够到那个高的扶手，觉得自己扶着这个扶手就像高年级的大哥哥大姐姐了。现在长高了，想去扶矮的扶手还得半蹲着身子。”

“看来你们学校的设计师在设计这些细节的时候就做到了‘心里有人’。”爸爸称赞道。

“对了，还有，您还记得有一次我们去公园，我跑得都累得不行了，远远地看见一个椅子想去坐，结果刚坐上去就被烫得弹了起来吗？您当时说，那种铁椅子附近没有树荫，夏天阳光直射，特别容易吸热发烫，冬天又会变得冰凉，安装这样的椅子就像鸡肋。”小墨子说完，父子二人都笑了起来。

“爸爸，您看生活中需要完善的设计有不少吧？我把这个作为我未来的职业发展方向怎么样？”

“你真是个有想法的好孩子，我无条件支持！不过这件事并不像想象中的那么简单。”

“嗯，是啊。例如安装座椅这件事，不仅要考虑座椅的材质和样式，还要考虑安装位置的合理性等很多方面。”小墨子若有所思。

“朝着你的目标去努力吧，我一定全力支持！”

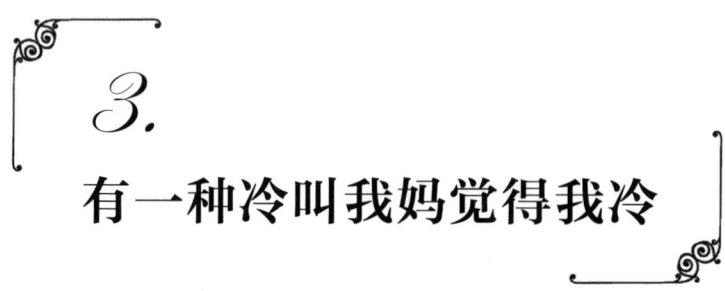

3.
有一种冷叫我妈觉得我冷

“小墨子，你今天怎么了？跑动的速度不见了，灵活性也不见了，什么情况？”棒球训练中途休息时，教练叫住了小墨子，不解地问。

“教练，您有所不知，有一种冷叫‘你妈觉得你冷’，哦，不对，是‘我妈觉得我冷’。”小墨子一脸无奈，边说还边摇头。

“好好说话，说重点。”教练一下子严肃起来。

“好的，教练。就是我妈妈今天非得让我穿上秋裤和秋衣，说要听老祖宗的训导——‘春捂秋冻’。早上出来的时候还好，但是现在，就算是站着，我都觉得我两条腿像自带火炉似的，一跑起来滋味就更难受了。”小墨子边说边把手插进裤子口袋里，呼扇起自己的裤子。

听了小墨子的话，看着小墨子的动作，教练严肃的脸忽然没那么紧绷了，他略带神秘地说：“小墨子，你看。”说着他弯下腰，撩起自己的裤脚。

小墨子扑哧一下乐出声来：“难怪以前您每次都站在大太阳下，说要晒成健康的古铜色，但今天却一直在找阴凉。”

“是呀，我们的妈妈都觉得我们冷，也真是奇怪。但这份爱不能辜负，只能先穿着了。”教练说完还做了个鬼脸，“允许你后面的击球动作到阴凉地去练习。继续训练！”

小墨子使劲儿点了点头，奔向了那片幸福的阴凉地。

训练结束后，小墨子看见妈妈第一句话就是：“妈妈，您今天下午觉得热吗？”

“还可以，怎么样，今天这个秋裤妈妈让你穿对了吧？”妈妈的语气还透出些许的得意。

“您摸摸。”小墨子边说边撩起外裤，让妈妈摸里面的秋裤，“里面都快能拧出水了。”

“啊，你怎么出了这么多汗。是我忘记了，你下午还要训练，和我在办公室坐着办公的感受确实不一样。对不起啊，儿子。不过，你怎么没脱掉这条秋裤呢？”

“我谨遵您之前的教诲，担心脱掉会着凉，所以一直都穿着。”

小墨子一进自己房间，还没张口问，电话手表就说话了：“是不是想问点儿什么？”

“嘿！电话手表，神了，知我者，你也！为什么妈妈会比我容易觉得冷呢？而且教练的妈妈也觉得冷。不可能是这些妈妈们商量好了的，对吧？”

“人体的冷热感受与人体基础代谢率、心输出量、体脂含量等因素密切相关。因此，确实存在着不同性别、不同年龄的人对于温度等环境的变化感受不同的情况。以老年人为例，不仅刚才说的三项指标和年轻人不同，而且由于自身体温调节能力衰退，皮肤内神经末梢密度降低，所以他们对于温度的变化敏感度降低，就会显得更怕冷。”

“那‘春捂秋冻’是怎么回事儿？”

“这条谚语是有一定道理的。春季通常早晚温差较大，室外和室内也有一定的温差，整体气候环境也是乍暖还寒，穿衣服不关注气温变化、随意就脱掉厚衣服很容易生病。因此要因人而异，因温度而定。但就今天而言，你的确是穿多了。”

从自己房间出来，小墨子手里还拎着潮乎乎的秋裤和脏兮兮的外裤，他在厨房门口探了个头，说：“妈妈，我明天还要不要穿上秋裤？要是穿，这条可得快点儿弄干啊。”

妈妈看着小墨子笑了：“儿子，我再一次正式向你道歉，至于明天穿不穿秋裤的问题，你自己决定，‘有一种冷叫你自己觉得冷’，还可以参考天气预报。”

春捂秋冻
小墨子！
跑快点！

4.

别小看口水

阿诺家迎来了新成员——小弟弟！现在阿诺几乎每天都会跟小墨子讲小弟弟的事儿，什么身体有多软、皮肤有多嫩、多能睡、多能吃、多能哭……说得小墨子一直想亲眼去看看。小墨子妈妈说：“太小的婴儿很脆弱，我们去看他，可能会对他产生一些不好的影响。等过些日子，他长大一些，我和阿诺妈妈约个时间，咱们再去看他。”

这天，小墨子一家三口带着礼物去看了阿诺的小弟弟。回来的路上，小墨子的新鲜劲儿还没过，还在说着：“他的皮肤真是太嫩了！他哭的声音真响！阿诺哄小弟弟真有办法……”

爸爸妈妈相视一笑，爸爸说：“咱们也来个妹妹或弟弟怎么样？”

“好啊！最好是个弟弟，我的衣服、玩具他还能用。对了，我建议咱们要多给他买些口水巾，你看阿诺的小弟弟多能流口水啊！”

爸爸说：“新生儿的口水确实多，我们每天分泌的口水有2升，新生儿的口水是成人的9倍。等到长牙的阶段，口水的分泌还会增加。”

“口水多恶心啊！如果有人说话，口水溅到我脸上，我得赶紧去洗脸。”

“小墨子，你误会口水了。”妈妈说，“其实口水很干净，它的主要成分是水，里面还有蛋白质、无机盐和微量电解质，可以起到润滑、修复口腔软组织、调节口腔菌群平衡、维持牙齿再矿化等多种作用。但如果不注意口腔卫生，它在口腔里和其他有害细菌混合发生反应，就会产生异味。”

“原来是这样！我记起在学校健康课上，老师还介绍过一种叫‘唾液淀粉酶’的东西，是怎么回事来着？”小墨子努力回忆着。

“对呀，唾液淀粉酶就在口水里。”爸爸说，“口水能够帮助消化食物，一方面是靠唾液淀粉酶将食物中的淀粉催化水解为麦芽糖，另一方面是因为口水把吃进去的食物湿润了，从而刺激舌头上的味蕾，也能促进食欲。”

“那咱们就快回家吃饭吧，我仿佛听到我的口水的呼唤了，它想赶紧帮我消化食物了！”说完，小墨子拽着爸爸妈妈向家的方向快步走去。

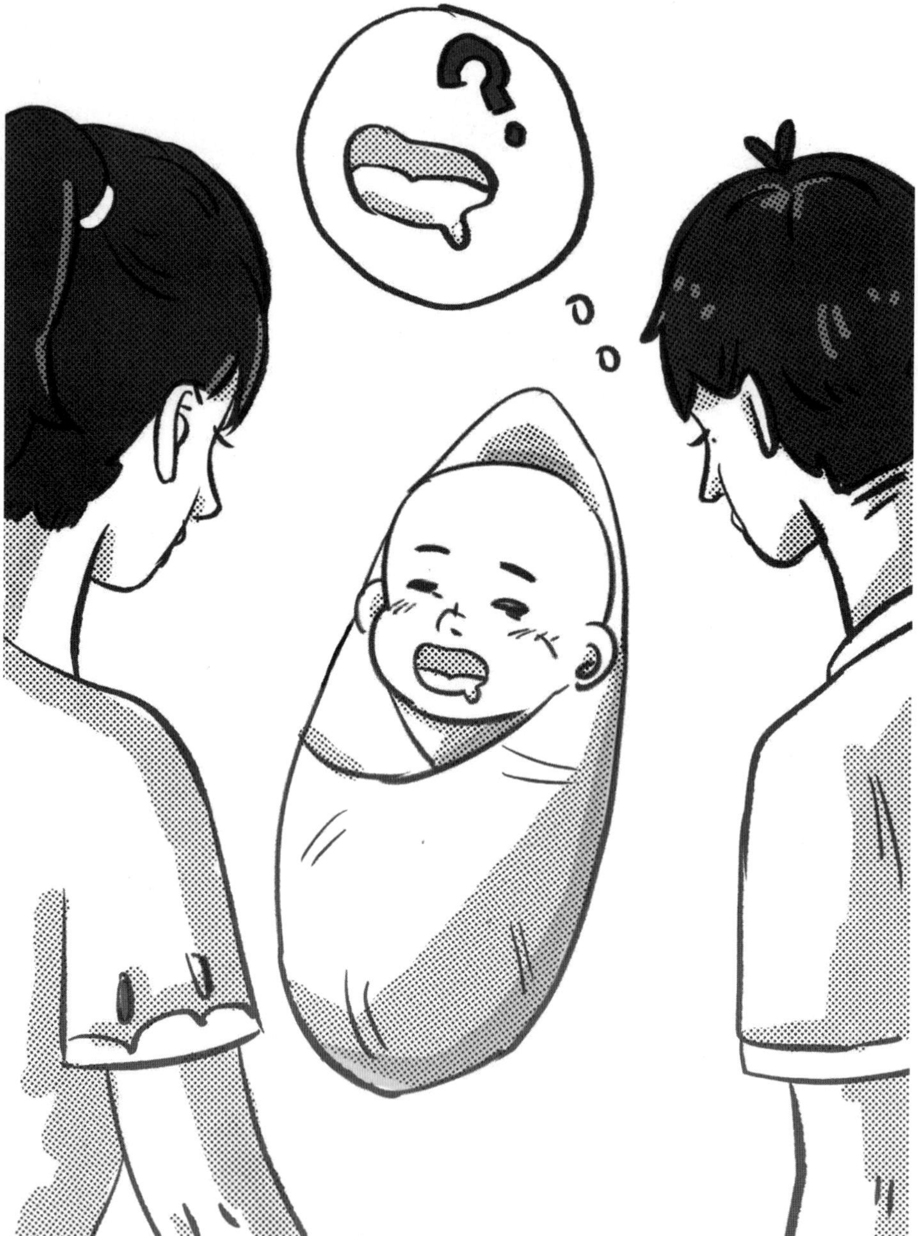

5. 枝干开花

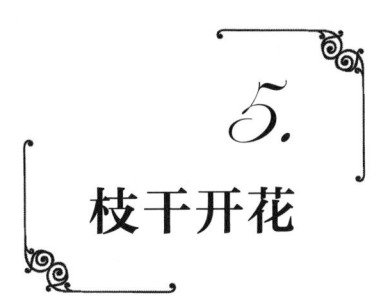

春天带给人的感觉就是生机勃勃。一个没注意，那里红了；一个不小心，这里绿了……自然界的景物一天一个变化。

这天语文课上，老师说：“春天总给人欣欣向荣的感觉，但是这个季节特别短暂，好像没几天就进入炎炎夏日了。同学们想一想，我们可以用什么方式来记录春天呢？”

有的同学说：“我们可以拍照片，或者录像，把这些美景给记录下来。”

老师微笑着点了点头。

有的同学说：“我想编一段舞蹈。”

老师摆了摆手让这位同学坐下了。

这时小机灵举手了：“我想写……”一听到“写”这个字，老师的眼睛像是在发光，用期待的眼神看着小机灵。小机灵看着老师的反应，有些犹豫了，“写，写篇文章……”说完这话小机灵低下了头。

“好！这个提议非常好！正好和我们第三单元的随笔结合起来，真是一举两得！”显然这个想法正是老师想要的，老师没有让其他同学再继续提建议。

“好，各位同学，我们把这篇随笔作为一次长作业，给大家一周的

观察时间，再下一周的课上我们完成。好不好？”

“好。”大家回答的声音不太大。

“同学们有什么想法吗？有可以说啊。下下周课上我们写随笔，好不好？”

“好！”伴随着同学们这次响亮的回答，下课的铃声也适时响起了。

这个课间，小机灵看起来心事重重，低着头坐在位子上也没挪动地方。

“怎么了，小机灵？”小墨子过来拍了拍他的肩膀。

“唉，其实我是想说写首歌，但是看着老师的眼神，我实在是说不出口，唉……”

“没关系，小机灵，这件事实际上和你关系不大，老师都说了，要和第三单元的随笔结合，即使你不这样说，老师最后也会这样说的。”阿诺在一旁继续给小机灵宽心。

“但是我没时间观察，更没得可写。我每天不是在上学的路上，就是在回家的路上，最多就是去课外班的路上。”小机灵说出了自己的难处。

“你是担心这个？没问题，今天咱们三个中午一起到校园里走一圈，就能解决这个问题了。”小墨子显得胸有成竹。

中午，小机灵和小墨子、阿诺一起体会了什么是感悟，不仅用眼看、用手摸，还有用鼻闻、用耳听；不仅看大处，更要观小节。小机灵不禁感叹：“原来这么多信号都在传递着春天来了！”

三人最后驻足在紫荆树旁，这花开得……有些粗暴。花开得很盛，却一片叶子都没有，而且花在树干、树枝上直接一簇簇地往外冒，远看所有的枝干仿佛都变成了紫色。

“紫荆太有意思了，比玉兰还厉害！它们都是不长叶子就开花。”小机灵说。

“古人云‘一花一世界，一叶一菩提’真是太有道理了。植物长叶和开花的先后是它们对环境和气温的适应。”小墨子说。

“这些先开花的植物一定是开花需要的温度比较低，你看现在气温还不是很稳定，而且早晚温差大，花不怕冷先开了，叶子还潜伏着呢。”小机灵补充。

“是的，植物的芽其实在前一年秋天就已经形成，过了冬，到了春天就开始不断生长。如果细分，植物的芽分成叶芽、花芽和混合芽，枝条就是叶芽发育的，花芽则发育为花或者花序，混合芽则既长叶又能开花，所以混合芽就圆润粗大些。所以你刚才说的，严格地讲应该是花芽先发育，叶芽在潜伏。”小墨子说。

“除了先花后叶，还有先叶后花的植物，也是这个原因吗？”阿诺问道。

“是的，另外还要补充一下，有的植物花和叶是同时发育的，比如柳树。也有一种说法是，植物先开花是想在没有叶子的影响时，通过风以更好地传播花粉，进行授粉。”小墨子继续解释道。

“今天中午收获真是丰富！首先下周要写的随笔我觉得我已经有思路了，其次还知道了关于植物的知识。”小机灵不禁感慨。

“小机灵，既然你这么着急，干脆待会儿我和老师建议一下，把这个观察春天的随笔留成今天的作业吧。”小墨子笑呵呵地说。

“那倒不用，咱们还是下下周上课的时候写吧，哈哈。”

6. 多肉 多肉

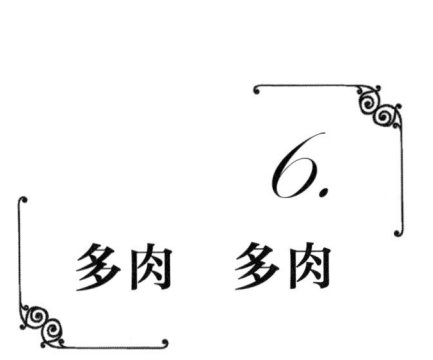

小墨子从阿诺家回来，一只手托着一个小小的花盆，另一只手里提着一个小小的袋子。

“爸爸妈妈，我回来了，看看我拿回来的东西！”

爸爸一看说：“哦，一盆多肉植物，那个袋子里是什么？”

“是一些多肉植物的叶片。我这次去阿诺家，发现她妈妈在阳台养了许多多肉植物。开始我没在意，后来等我坐在旁边的时候，仔细观察，发现每一盆多肉植物都特别精彩。”

“哦，那有机会我也要观察一下。”

“来，爸爸您现在就观察一下吧。”小墨子说着举了举手里那个小小的花盆。

“小墨子，这是怎么回事？可不能随便要人家东西。”妈妈说。

“妈妈，您放心，我没向阿姨要，阿姨要给我一盆，我也拒绝了。”

“那这个？”

“这个是我向阿姨借的，借两周，写关于植物的观察日记用，两周后就还。不过这些小叶片是阿姨给我的，说插在花盆里它们慢慢就能生根发芽。我觉得很奇怪，不知道这样能不能养好，还是决定试试。”

“好的，那接下来这两周你就要细心照料它们啦。”

“妈妈您放心，阿姨说这些天都不用浇水，但要避免阳光暴晒。”

“来吧，小墨子！开始准备你的叶插实验，先去找些报纸。”真是神奇的爸爸，说话间就端着一盆土过来了。

“好的，爸爸！”

“来，把报纸铺地上。我们先要去除土里的杂质，将泥土颗粒均匀细化，然后还要喷些水，使土的湿度刚刚好。这种叶扦插的方式其实是在‘强迫’叶片发挥出它的潜能。”

“您具体讲讲。”小墨子一脸期待。

“一般来说，这些多肉植物都应该是通过雌雄配子结合的有性生殖方式来繁育，但是它们也都具有营养生殖的潜能。茎、叶、根是植物的营养器官，它们平时都有自己的任务，但是当叶片被脱离，它里面的生长素、糖分和其他激素会向生根区集结。这些成分有的提供养分，有的变成有高度分化能力的愈伤细胞，再然后细胞分裂素会让愈伤细胞分裂长成不定根。不定根会再去刺激叶片产生更多的细胞分裂素，促进了不定芽的分化和生长……一株全新的小多肉植物就这样诞生了。当然了，原本的扦插叶耗尽了精华，当使命完成后就枯萎了。”

“听起来真有些悲壮。”

“消逝和新生时常相伴。我觉得诗人小墨子除了完成观察日记，还可以写首诗赞颂一番呢，是不是？”

“爸爸，没问题！但我只有亲眼见证这一刻，才会有更丰富的情感。”

“好！你盼多肉，我盼诗。咱们愿望实现的概率都很高。相对于普通的植物，多肉植物的叶扦插成活概率是很高的，因为它叶片中的水分、营养及植物激素含量都更高一些。”

“那咱们就开始吧！”小墨子满心期待地说。

7. 打疫苗的学问

“妈妈，我回来了！”

“好，换衣服，洗手，吃水果，学习吧。”

“知道了，每天回来都是这几件事。不过您先帮我签几张回执吧，我怕忘记了。”

“什么回执啊，还好几张？”妈妈边说边在围裙上擦着手过来了。

“第一份，出游通知！”小墨子先把这份通知举了过来，笑嘻嘻地说，“您填的时候就可以考虑一下给我带什么吃的了。”

“知道，这么多年没变过。妈妈牌经典炒饭，多放青豆和香肠。”妈妈边回答边拿笔签上了回执。

小墨子赶紧递上第二份：“第二份，也是最重要的，就是打疫苗的回执啦。这个您填的时候一定要仔细看，老师特别嘱咐要家长一定看清楚注意事项，上面列举了出现什么样的情况不能打。”

“好，放心吧，妈妈已经给你签过好几份这样的单子了。”

“是吗？我倒记不太清楚啦。”小墨子边说边挠着头皮回忆着。

“你肯定是忘记了，上学之前你经常打疫苗呢。”

“我仔细想想还真是，小时候打疫苗很频繁，而且是不是每次打完针您还都给我买好吃的呢？”

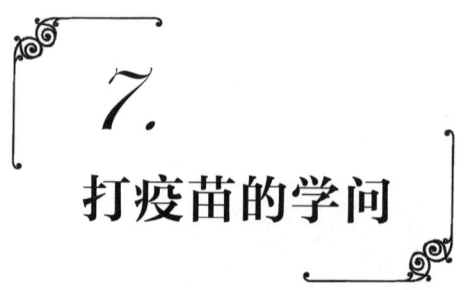

“嗯，打针没记住，倒是记住买好吃的了。”妈妈笑道。

“这不是希望我记忆中都是美好的事物嘛。”

“你还挺会解释的。”

“对了，妈妈，您说为什么疫苗都小时候打呀？是怕我们大了再打就起不到作用吗？”

“其实疫苗的接种时间没那么严格，但是从整体考虑还是要有一个打疫苗的计划。疫苗接种对最低接种年龄是有要求的，因为婴幼儿免疫系统还没发育完全，要避免一些可能出现的风险。所以你看，这一针就适合现在接种，太小的年龄是不可以的。”妈妈指着接种疫苗确认单对小墨子说。

“回执上接种疫苗的禁忌症状我已经看了，都没有，那就打吧！这么说起来我也是打疫苗界的老战士了！妈妈，是不是确定了打疫苗的计划，从生产厂家的角度也能帮助他们安排生产呢？”

“嗯，你能想到这个问题真棒！”

“看来这些天职业规划的实践体验，对培养我多角度思考问题还是很有帮助的。”小墨子说。

“除了从生产的角度考虑，安排合理的疫苗接种计划还可以减少打针的次数，同时也方便了医生的操作。而且，有的疫苗需要多次注射，针与针之间的时间间隔也是有规定的。”

“要是因为一些原因没有及时接种上疫苗呢？”

“那还是有一定风险的，这意味着被保护的时间要推迟了，不过也不用紧张，尽早补种上就可以。”

“好吧，妈妈，那这份就签好了，咱们继续看第三份需要交回执的通知……”

8.
我就爱喝白开水

明天学校出游，大家都兴奋极了，因为每次出游除了能换换环境，大家还都想借着这个机会把平时家长不让吃的零食好好吃一次。有的同学甚至笑称："明天终于要'吃游'喽！"

第二天，经过上午的参观，大家都有些累了，终于可以吃午饭了。同学们分成小组，在草地上铺上餐布席地而坐，纷纷将自己带的美食拿了出来。

小墨子书包里并没有这些圈圈条条的零食，他拿出了一个保温桶和一个保温壶。阿诺看了看说："小墨子，你带的还是炒饭？"

"对呀！我最爱吃妈妈做的扬州炒饭了，而且每次给我带炒饭，妈妈都会特意蒸那种稍硬的米饭，又美味又健康！不信你尝尝？"

"哎呀，真不错。"阿诺探头看了看小墨子的保温桶，深深地吸了一口炒饭的香气，然后低头看着自己手里的膨化食品，瞬间觉得它黯然失色了。"你保温壶里是什么？是你妈妈给你熬的营养汤吗？"

"哦，这里就是温开水。"

"小墨子，我发现你好像只喝白开水啊。"

"对呀，阿诺，白开水最健康了！我每天早上洗漱后就会先喝一杯白开水。"

“这个有什么讲究吗？”

“嗯，一开始是妈妈这么要求我，我不理解，于是我就去查了查书。书上说，水煮开再自然放凉，它的表面张力增强了，更容易透过细胞膜，并迅速进入血液，稀释高浓度的血液，促进人体的新陈代谢，增强肝脏的解毒能力和消化道的排泄能力。”

阿诺听得很认真，她说：“小墨子，你慢点儿说，信息量有点儿大。”

“好的，总之经常喝白开水的人抵抗力会比较强，体内的脱氧酶的活性会更高，也不容易疲劳。”

阿诺听完，把自己书包里露出半截的饮料向里推了推，说：“嗯，好处这么多，以后我也要多喝白开水。”

“阿诺你可以看看你书包里饮料的成分，除了水，排名第二的成分就是糖，还会有香精和色素等。摄入过多的糖分会影响健康，过多的色素积累会干扰体内多种酶的功能，还容易引起消化不良。”

“小墨子，我明白了。饮料，再见了！”

9. 阿诺家的新房子

阿诺有了弟弟后，家里就一直计划换新房子。

这天阿诺和小墨子一起回家，半路上阿诺指着远处的一个小区说：“小墨子，等我搬到那个小区以后，我就要先把你送到家，自己再继续向前走五分钟了。”

“五分钟的路程对于你这个旋风腿来说，不算什么啦。”

“是啊。说到这儿，小墨子，你知道什么是容积率和绿化率吗？”

“我猜这两个名词和你家的新房子有关吧。”

“你说对了！换房子那段时间经常听我爸爸妈妈提起这两个词。他们除了考虑房子的面积、位置、朝向、配套设施，主要就在研究这两个‘率’。”

“它们到底是什么呢？”

“容积率的计算法是这一块土地上的总建筑面积除以这块土地的总面积。你说容积率是高好还是低好？”

“当然是越低住在里面的人越舒适了。绿化率和它正相反，是越高越好！对吗，阿诺？”

“是的，小墨子。不过，容积率越低越好，我能理解。绿化率高有什么好处呢？”

“正好周围没人，咱们来问问电话手表吧！”

“人类的眼睛特别偏爱绿色。自然界人眼可见的光谱中，黄光聚焦在视网膜上；红光波长长，聚焦在视网膜后；绿光波长短，聚焦在视网膜前。绿光能够减少眼睛调节，放松睫状肌，减轻眼部疲劳。各种颜色对光线的吸收和反射也是各不相同：红色对光线的反射率是67%，黄色反射率是65%，绿色反射率是47%，青色反射率是36%。因此，人类会觉得红色和黄色对光线的反射比较强，容易产生刺眼的感觉；青色和绿色对光线的吸收和反射都比较适中，所以人体的神经系统、大脑皮层和眼底视网膜组织更容易适应，可以帮助人放松。另外，绿化率高的地区，日间植被能释放出更多的氧气，使人心情舒畅。”电话手表解答道。

“那我得在我的房间里多放几盆绿色植物了。”小墨子说。

“这也是有学问的，每10平方米最多放两盆植物，而且像夹竹桃、郁金香、洋绣球这样的植物不适合养在室内，因为这些属于微毒植物，会对人类健康造成一定的影响。”电话手表补充说道。

“多谢提醒，我爸爸正准备购置大批植物放在新家里呢，回家我就要跟他讲。”阿诺说。

“还要有一点要提醒，看绿色缓解眼睛疲劳，要注意距离保持在33厘米以上，否则就没什么作用了。”

“谢谢你！认真的电话手表！”二人异口同声地说。

容积率 =
建筑
土地
O_2

10. 体检报告我会看

这几天阿诺总是显得心事重重，小墨子有心问，但又担心涉及隐私，不好意思开口。回家他还和爸爸妈妈念叨了几次。妈妈说："你多关注一下阿诺吧，明天中午的水果我给你带两份，你给阿诺一份。"

第二天中午吃完午饭后，小墨子悄悄地把一份水果塞给阿诺，阿诺摇摇头又把它塞回给小墨子。小墨子不禁有些着急了，问："你怎么了，阿诺？这几天太不像你了，你有什么困难就说出来吧，说不定大家可以想办法解决呢？"

"嗯……"

小墨子看着阿诺欲言又止的样子，说："没事的，阿诺，你如果不想说也没关系。但是你能不能调整一下状态，像现在这样确实比较让人担心。"

阿诺深吸一口气，说："好吧，其实是这样的，我妈妈前段时间体检的结果出来了，有些指标不太正常，还需要去医院进一步复查，我很担心她，而且妈妈也可能因为这个原因这两天脾气不好，不知道原来温柔耐心的妈妈什么时候才能回来。"

"哦，原来是这个原因，别急，毕竟只是体检之后的一些初步判断，不是还要到权威医院去检查吗？"

“嗯，拿到体检报告那天，爸爸就已经给妈妈预约了，今天就是带妈妈复查的日子。我心里都煎熬好几天了，今天更是担心，不知道结果怎么样。”

“阿姨的体检报告你看了吗？”

“没看过，不过有一次听见爸爸和妈妈说了什么尿蛋白阳性、白细胞高。嗯，好像主要就是这两个。”

“来吧，阿诺，咱们去小花园那边和电话手表聊一聊，看看它能不能帮着分析一下。”

“对呀！是时候该请出神奇的电话手表了。我已经等不到放学了！”

在小花园的树荫下，电话手表安慰阿诺：“阿诺，你别担心，我觉得你妈妈应该没什么事。”

“真的吗，电话手表？我相信你的权威性，你这样说我心里感觉畅快了一些。”阿诺的脸上露出了几日未见的轻松神情。

“一般体检的血液检查会分为血常规、肾功能、尿常规、肿瘤标志物和乙肝五项这些内容。刚才你说到的白细胞就是在血常规当中的一项，白细胞有关指标不能过高，过高则可能有血液病的危险；如果是稍微高出正常值，可能因为是身体有些地方有炎症。”

“好像是这样的，妈妈前些日子嗓子难受，总说忙，要不就说过两天再去医院。那是不是扁桃体炎？”

“这的确是一种可能。另外，在血常规中还有红细胞和血小板两项，它们主要是检测是否有贫血及骨髓增生性疾病等。”

“还好，还好，这两项妈妈都没问题。”阿诺看着更加放松些了。

“电话手表，请你再介绍一下尿蛋白阳性会有什么样的反应吧。”小墨子还关心着另一个数值呢。

“这项内容属于尿常规检查，除此之外还包括尿酮体和尿胆红素。尿蛋白高一方面可能是因为精神紧张，还有可能是因为剧烈运动导致了泌尿生殖系统的炎症。”

“这个我觉得也有可能，妈妈的烘焙小店生意特别好，每天都在接单、采买、制作、发货，而且弟弟现在还那么小，妈妈总要操心。”

“阿诺，你让阿姨适当搞一搞饥饿营销吧，在产品数量上限制一下，可以这几天卖几款产品，过几天再换几款。”小墨子建议道。

“这倒是一个好办法，回头我和妈妈说说。不过啊，也不一定管用。妈妈说都是朋友传给朋友的好口碑，必须保证食材的新鲜，她会严格按照开封后的时间来销售，过了时间就扔掉了。我想订单来了她也不好拒绝的。”

“那就从小弟弟入手，平时你们多照顾一下他吧。”小墨子继续建议道。

“小墨子的建议很好。我继续介绍一下体检的血液检查的其他项目。第三个大项是肾功能，包括血肌酐、血尿素氮、血尿素，它们的数值如果高于或低于正常值则可能是肾功能不正常，肾小球滤过功能减退或损伤。另外，还有肿瘤标志物和乙肝五项两个大项，前者如果有状况一定要去医院复查，后者则是判断是否感染乙肝病毒的依据。所以还是要去医院复查一下比较保险。”

这天晚上小墨子终于接到了阿诺的来电，他特意按了免提，爸爸妈妈也都凑了过来。其实从阿诺第一声的“喂——”开始他们就判断阿诺妈妈在医院的复查结果一定是好消息，因为这声音里透着轻松、愉快！

白细胞
血管

11. 这是我的地盘

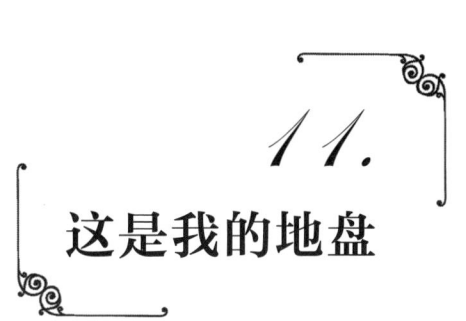

这天小墨子一家刚下楼准备遛弯儿，就看见隔壁李叔叔正在停车。但停了车他却没走，而是转到旁边墙根儿，拿出两块木板放到了靠着路边的两个车轮旁边。

“李叔叔好！您回来啦！”小墨子有礼貌地打招呼，“您在车轮旁边放这个木板干什么呀？”

“你好小墨子！我这也是没办法，你看。”说着李叔叔拿起其中一块板子放到小墨子眼前。

小墨子先闻到了一股不太好闻的味道，再定睛一看，板子上有水印的痕迹。

“这都是小狗在上面尿的！我用板子在车轮胎上挡一下还好些，要不然车轮会有难闻的味道，还会留下尿迹。”

“您这办法真好！谢谢李叔叔，再见！”

三人和李叔叔道了别，小墨子问：“为什么小狗会在车轮上尿尿啊？”

爸爸说：“因为这是小狗的本能啊。”

“本能？”小墨子刚要接着问，就看见不远处有一只小狗在一棵树旁停了下来。只见它先在树的根部嗅了嗅，然后一转身抬起一条后腿朝着树根尿了起来。

“你看，小墨子，这只小狗先闻了闻，就是在获取别的小狗之前在这里留下的信息激素，然后它又留下自己的气味来划分势力范围。”爸爸也看见了那只小狗，给小墨子解释道。

“这还能划分势力范围？要我闻啊，都是不好闻的味道！”

“这种信息激素的浓度只有几百万分之一，只有同类之间才能分辨出来。”

“哦！这就说明小狗的嗅觉是特别灵敏的。”小墨子补充道。

“其实不仅是狗，其他很多动物也会这样来表示‘这是我的地盘’，别的同类就不要再来啦！”

听完爸爸这话小墨子笑了：“看来动物之间的主权意识和领土意识真是相当强！”

“所以你就理解了为什么下完雪后，那些小狗会显得分外活跃了。”妈妈笑眯眯地说。

“那是因为雪把它们之前留下的信息激素盖上了，它们要赶快去留下新的信息激素宣布‘我的地盘我做主’！”

11.
这是我的地盘

12.
鲜？腥？

小墨子和爸爸一致认为妈妈在做饭领域有相当的特长，一些在外面吃着觉得不错的菜，回家后妈妈或者上网查找资料或者自己琢磨总能做个八九不离十。不过，妈妈也有短板，就是不太擅长做鱼。好不容易买条鱼，也一定是卖鱼的人帮忙处理好后妈妈才会带回家，而且在家冲洗操作时还要戴上橡胶手套，就怕把手弄得特别腥。

这天，三人都想吃鱼了，于是决定到饭馆来一条清蒸鲈鱼。

等鱼一端上来，卖相真不错！黄黄的姜丝，翠绿的葱丝，雪白的鱼肉，加上盘底恰到好处的生抽，看着就有食欲。

"来，请妈妈先为我们品鉴一下。"爸爸举着筷子热情地招呼着。

"咱们一起来吧！"妈妈说完，夹起一块鱼肚子的肉，给了爸爸，又给小墨子夹了鱼眼睛下面的那块肉，最后才给自己夹了一块，"来，一起尝尝。"

"嗯，真鲜啊！"小墨子吃下这块鲜嫩的鱼肉十分满足，"还是清蒸的鱼更能凸显鱼肉的鲜美。"

"确实鲜，厨师火候掌握得也特别好，多一分，老了，少一分，不熟。要不是我觉得收拾鱼太腥太麻烦，咱们在家也能常吃了。"妈妈的语气中透着一丝遗憾。

“别这么说，已经很棒了！也要让别人赚钱啊。”

“还是爸爸会聊天儿。”小墨子狡黠地说。

“你爸爸还会讲原理呢。说起来，鱼的鲜和腥其实是一脉同源。”

“此话怎讲？”

“当鱼非常新鲜的时候，鱼体内含有的氧化三甲胺在发挥作用，它本身没腥味儿，还会让鱼肉在口感上有鲜味儿及淡淡的甜味儿。但氧化三甲胺的化学性质不够稳定，一旦外部环境发生变化，比如高温或者鱼类体内酶的影响，氧化三甲胺就会变成三甲胺，就会有腥味儿产生。”

“也就是说，鱼要是不新鲜，三甲胺一定会更多，鱼也就会更腥，是吗？”小墨子问。

“是这个意思。当然了，鱼的腥味儿还和其他因素有关系。由于淡水更适合微生物繁殖，硅藻或蓝藻上会附着有土腥味的细菌，鱼吃了这些藻类，细菌就会进入它的体内，所以淡水鱼会更腥。”

“您说的鱼的体内，是不是指血液、细胞还有肌肉这些？”

“对，所以这个也会让鱼有土腥味儿。所以，像我们这里不临海，一般更多是吃到淡水鱼，做鱼的时候都少不了放上姜、料酒或者食醋这些佐料，它们都有去腥提鲜的作用。”妈妈看了看小墨子，继续说，“醋能把有腥味的三甲胺变成盐类，就没有腥味儿了；料酒则能让食物中的蛋白质凝固，不分解的蛋白质不会形成三甲胺；姜也能通过含有的醇和酮去除腥味。你想想，这样三管齐下，再加上鱼本身就新鲜，口味一定会不错。”

“好啦，小墨子明白了吗？咱们快吃吧，要不鲜鱼也要成咸鱼了。”爸爸迫不及待地说。

鲜
腥
氧化
三甲胺

13. 创可贴

上学的路上小墨子遇到了阿诺，而且在很远处就认出了她，不仅是因为他们俩彼此很熟悉，而且还因为阿诺今天的造型实在太特别。

什么样呢？其实倒也没什么特别新鲜的，就是远远地能看见阿诺举着一根手指，而且手指的顶端有一点粉红色。这是什么？等阿诺走近了，小墨子才发现，原来阿诺食指的指尖上缠着一圈漂亮的创可贴，上面还精细地缠了一层透明的胶条。

“阿诺！你这样可不行！快让我帮你把外面这层胶条撕下来吧！”小墨子着急地说。

“不要呀！这个创可贴多好看啊，上面印着我最喜欢的卡通人物，是我特意让妈妈给我买的，一直都没用上，正好今天早上削苹果弄破了手指，我立刻用上了。”

“按你这么说，你还颇有些盼着用上这创可贴的意思。”

“也不完全是，不过既然用上了，我确实是希望这个创可贴能一天都保持这样的鲜艳。”

“你不要因为一个创可贴弄坏自己的手指！”小墨子边说边把阿诺的手拽过来，把外面的一层透明胶条揭下，然后还要打开里面的那层创可贴。

“别呀，小墨子，里面的创可贴就别揭了！”阿诺赶紧把自己的手抽了回来。

“你放心吧，我就是帮你粘得再松些，原来里面缠得太紧了，这样后果很严重！”小墨子边说边又把阿诺的手拽了回来。

“真的吗？为什么？”阿诺赶紧追问。

“上学时间紧，简单说，如果继续这样，结果就是——血流不畅，坏死，截肢……”说到最后一个词，小墨子特意加重语气，把音拉长，然后定定地看着阿诺。

“啊！小墨子，你真是我的救星啊，要不我可就真为一个创可贴损失一根手指了。你能再解释一下吗？”

看着阿诺急切的样子，小墨子反倒显得气定神闲。他慢悠悠地说：“好啦，别急！手指暂时没问题了，但是晚上回家后一定要换一个新的，其他的咱们回家路上再解释。”

……

“同学们再见！”随着老师的这句话，阿诺一下子跳到小墨子面前：“小墨子，快说说吧。”

“说什么？”

“创可贴的事儿啊。”阿诺一边说一边挥了挥那根手指。

“咦，你换成普通创可贴啦？”

“我早上听你说完，觉得等不到放学了，中午就去了一趟医务室，换了一个新的创可贴，顺便还请教了校医。”

“快说说，校医都说什么了？”

“首先我要再一次感谢你，像我早上那样缠得那么紧，还不让伤口透气，确实容易增加感染和破伤风的风险。另外，我今天课间擦黑板的时候都忘了这件事了，洗抹布时把创可贴弄湿了，也需要及时更换。校医还说要根据伤口的状态使用创可贴，如果伤口深，或者已经感染了，就不要贴创可贴了。小墨子，你原本是不是要跟我说这些？”

“厉害呀，阿诺！不过我还要提醒，我觉得你这个小伤口，等到晚上睡觉前就把创可贴摘了吧，估计明天就可以愈合了。你如果是为了卡通图案再捂上一夜，实在没必要。”

“好的，小墨子，睡前我就会把创可贴摘了，明天不贴了。”

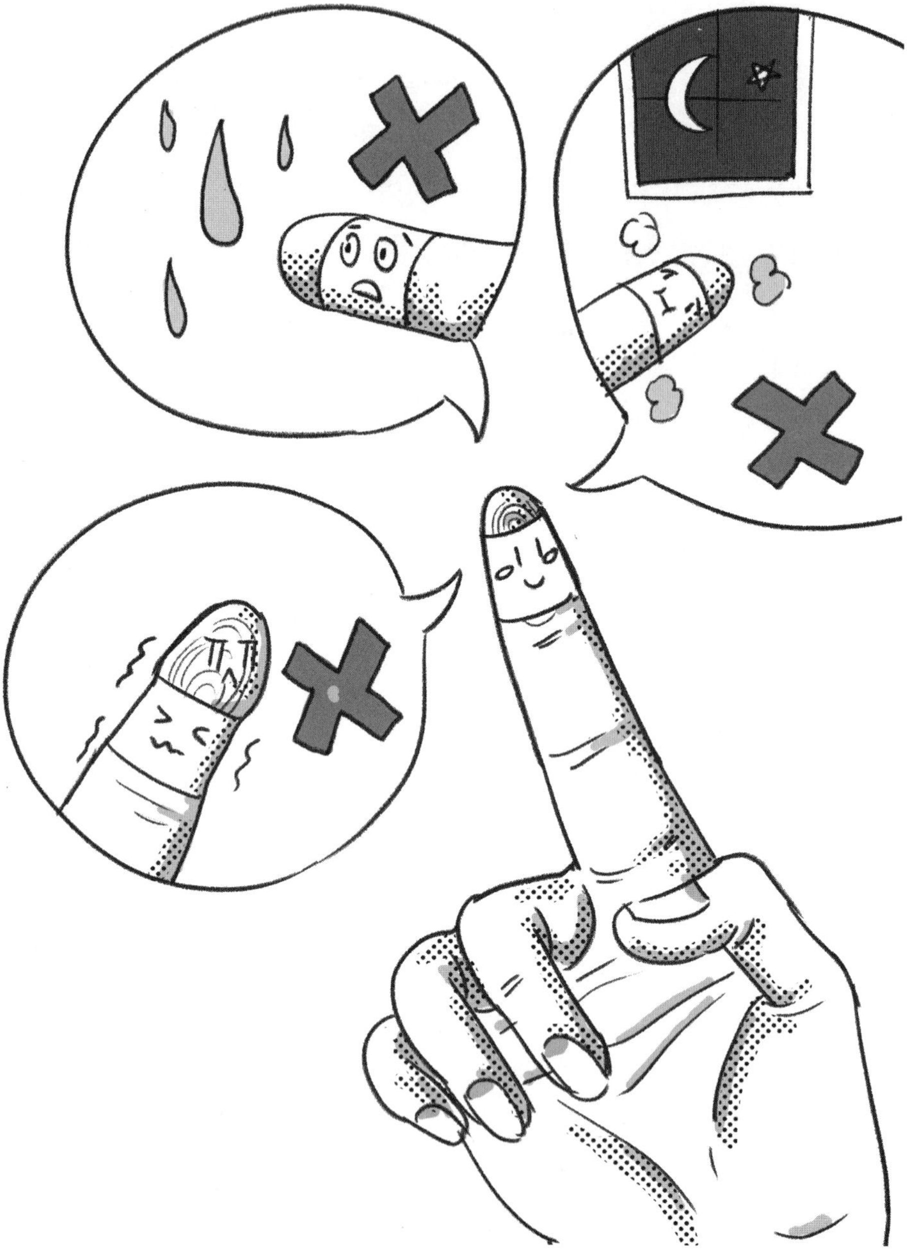

14. 使用牙膏的学问

小墨子的班级在每个学期都会开设家长讲堂，老师会根据同学们的兴趣点和需求，邀请从事某一行业时间比较长的家长来到班级中给孩子举办讲座，并回答同学们提出的问题。这次请来的是口腔医生，同时他也是阿诺的爸爸。小墨子在两个星期前就知道这个消息了，因为阿诺既想保密，但又不想让别人知道，所以只能跟小墨子讲了。

这天下午，家长课堂终于要开始了。阿诺从一早就特别兴奋，到了中午她更是不停地在窗口向学校门口眺望。忽然她离开窗口，走到小墨子身边，用口型告诉小墨子，她爸爸来了。

上课铃一响，老师陪着阿诺的爸爸走进教室并把他介绍给同学们，同学们热情地鼓起了掌，还有同学向阿诺竖起了大拇指，阿诺脸都羞红了。

小墨子对阿诺的爸爸已经很熟悉了，虽然阿诺爸爸今天没穿医生的白大褂，但是当他讲起自己的专业知识，还是让小墨子觉得他整个人身上焕发出了和往常不一样的气质。因此在讲座结束后，小墨子鼓掌鼓得分外热烈，他也向阿诺竖起了大拇指。

同学们都听得格外认真，也都特别善于思考，所以在接下来的提问环节，同学们参与都很积极。

比如有同学问:“医生叔叔好，听说如果一直用一种牙膏容易产生耐药菌，是真的吗?”

阿诺的爸爸听了这个问题，笑着说:“谢谢这位同学。目前暂时还没有研究证明如果一直使用某一种牙膏会产生耐药菌，一直使用某一种牙膏会造成菌群紊乱的说法也没有得到科学的证实。其实很多牙膏的抗菌成分是一样的，抗菌成分的浓度也都很低，而且牙膏的主要成分都差不多，主要有保湿剂、增稠剂、研磨剂和发泡剂。因此不必有这种担心。”

还有一个同学问:“医生叔叔，请问用美白牙膏会让牙齿变白吗?”

阿诺爸爸耐心回答道:“简单地说就是‘效果有限’。因为造成牙齿发黄有内在和外在两种因素，如果是‘四环素牙’这种由内在原因导致的牙齿发黄是很难用美白牙膏改善的，如果是喝咖啡或吸烟造成的牙齿发黄的确可以有一定效果。其实美白牙膏和普通牙膏的原理差不多，都是运用有机硅等摩擦剂成分对牙齿表面进行摩擦。”

回答完这个问题，下课铃响了。阿诺的爸爸向同学们表示了感谢，又说:“对了，还有一点建议，就是不要共用一支牙膏。每个人的口腔都有很多细菌，挤牙膏的时候，牙刷会使口腔里的细菌在牙膏管堆积，增加细菌传播的可能性。最后，希望我们每个人都拥有健康的牙齿。”

14. 使用牙膏的学问

15.

让我们记住这个名字——史蒂芬·霍金

“霍金去世了。”刚刚走进家门，爸爸就对妈妈说。

“听说了，互联网上消息铺天盖地，这些年霍金可真是不容易！”

“霍金是谁？”小墨子看向爸爸妈妈。

“霍金非常伟大，他被誉为最伟大的宇宙探索者之一，是著名的物理学家，对物理学有重要贡献，还写了多本畅销书，比如《时间简史》《果壳中的宇宙》《大设计》等。你看看，这是他的照片。”爸爸把手机上霍金的照片拿给小墨子看。

“坐轮椅上，他是残疾人？”小墨子有些惊讶。

“是的，他 21 岁时患上肌肉萎缩性侧索硬化症，这是一种非常严重的疾病，会导致全身瘫痪，不能言语，直到去世。他与病魔斗争了 55 年，是不是非常让人敬佩！你想想，他全身不能动，吃饭、睡觉、穿衣等全依靠别人的帮助，还要忍受疾病带来的痛苦，真是太不容易了！与此同时，他还完成了那么多杰出的研究。”爸爸说。

“所以，小墨子，人关键是要学会思考。”爸爸继续说，“你看霍金，虽然他全身瘫痪，但是他的思想是伟大的，依旧可以为人类探索宇宙作出巨大的贡献。所以，你以后也要多思考，做事要有自己的主见，不要人云亦云，尤其要多读书，读好书，通过读书增长知识，学会思考。”

“那本《时间简史》您读过吗？”小墨子问爸爸。

“没有，上次在图书大厦看到了，翻了一下，太难了，读不懂。”爸爸遗憾地说。

“您这么有学问还读不懂？”小墨子满脸疑惑。

“术业有专攻，我虽然读不懂，但并不妨碍这本书被翻译成 40 多种语言，畅销全世界。等你将来长大了，学的知识越来越多，可以读读，看自己能不能读懂，你说呢？”

“好的！我会努力的。”

“不过，你知道吗，虽然霍金教授坐在轮椅上，但他兴趣爱好还是非常广泛的。他还曾经拍过电影和电视剧，在我特别爱看的美剧《生活大爆炸》中，他就曾经扮演过自己。你看他乐观、有才华，还幽默、积极向上，为全世界带来了正能量。”妈妈说。

“他还曾说，如果那不是所爱之人的家园，那它就算不上一个宇宙。”爸爸补充说。

“所以，小墨子，你得到什么启示了吗？”妈妈用期待的目光看着小墨子。

“我们家就是宇宙！”小墨子说，“宇宙里会打雷，会刮风，就像你们批评我的时候！”

“快去写作业！”爸爸妈妈同时手一指，笑着说道。

16. 灵敏的鼻子和耳朵

这些天有重要的活动，一些人员密集的地方除了增加了执勤岗，还有些警察叔叔会牵着警犬进行巡逻。真威武！小墨子每次见了都羡慕不已，除了主动和警察叔叔打招呼，顺便还要多看几眼威风的警犬。

这天吃了饭，小墨子和爸爸在街上遛弯儿，又正好遇见警察叔叔牵着警犬执勤。爸爸说："小墨子，大家都说警犬的鼻子很灵敏，你知道灵敏到什么程度吗？"

"不知道呀！您快告诉我吧！"

"一般的狗就能比人类多嗅出 2000~4000 种气味呢！"

"太厉害了！那警犬是不是要比一般的狗还要棒？"

"是的。一只合格的警犬要经过严格的训练，比如要让它找某一物品，要先让它嗅一下，然后把物品藏起来让警犬寻找，反复多次，这样警犬不仅能逐渐识别表面的物品，还能把藏起来的物品找出来。"

"那也需要表扬警犬吧？"

"是啊，警犬找到东西就要奖赏它。另外一只警犬的服役年限是有限的，一般是 10 年。因为随着服役时间的增加、年龄的增长，警犬的嗅觉器官会退化，会影响它执行任务。"

"我要是能有一只退役的警犬该多好啊！"小墨子说。

“领养退役的警犬有较高的要求，一般会要求有养狗的经验，有一定的经济能力，还要有稳定的工作和独立的住所，更重要的是要有爱心，真正爱狗。如果只是为了好奇或者炫耀，是万万不可的。你知道为什么狗会有灵敏的嗅觉吗？”爸爸把幻想中的小墨子叫醒。

“嗯，是不是它们的器官有些特别？”

“哈哈，猜对了！狗大脑中的嗅叶大，它鼻腔里的嗅黏膜面积大约有 150 平方厘米，嗅觉细胞多达 2.2 亿个，是人的几十倍甚至几百倍。所以，狗不仅对气味敏感，而且辨别力还很强。”

“爸爸，今天我在图书馆看书，上面说狗的听力也很棒，是人类的 16 倍！”

“哈哈，是吗！那咱爷俩互相学习，你也跟我说说。”

小墨子把小胸脯挺得高高的，像老师似的说：“好的，爸爸同学，书上还说，狗能听到的最远距离差不多是人的 400 倍，对于声音的方向能分辨出 30 多个。它即使睡觉也能保持警惕，这也就是人们让狗看家的原因。另外正是因为狗对声音很敏感，因此不要对狗大声叫嚷，这容易让它们感觉不舒服。”

“真不错，谢谢你和我分享这些知识。”

16. 灵敏的鼻子和耳朵

17.
着急就用压力锅

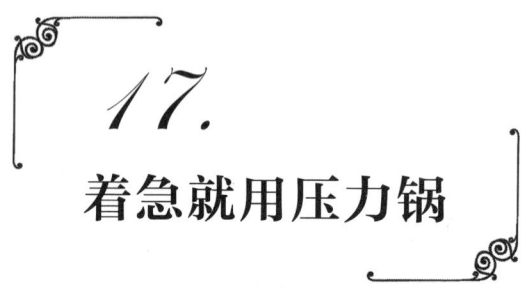

小墨子一回到家放下书包就瘫软在沙发上，妈妈追过来说：“怎么不快点儿换衣服啊？”

“我今天太累了，棒球课教练让我们练习挥棒和跑垒。当时没觉得什么，回来的路上腿上像灌了铅，胳膊都快抬不起来了。不过，您今天要是给我炖个红烧肉什么的，我还是能克服困难移动到餐桌，并努力抬起筷子。”说完小墨子笑嘻嘻地看着妈妈。

妈妈轻点了一下他的脑门，说：“你练得累是假，想吃肉是真。放心吧，肉我今天买了，已经在解冻了。”

“啊？刚解冻？那我什么时候能吃上啊？”小墨子一脸委屈。

“放心吧，妈妈作为一名做饭多年的专业人士，一定能让你按时吃上。”

“好嘞，那我先写作业啦！”小墨子站起来伸了个懒腰，拿着书包去写作业了。

有了美食的动力，小墨子非常迅速地完成了作业并且收拾好书包，还准备好了明天上学要穿的衣服。他走进了厨房，深吸了一口气：“太香了！我来端菜了！哈哈！”

妈妈指了指高压锅说：“肉已经熟了，先让高压锅放会儿气，等爸爸回来就可以吃了。”

“高压锅真神奇！这么短时间就能把肉炖得又烂又软。”小墨子边准备碗筷边感慨道。

“高压锅是一个在现实中发现问题并经过思考、实验、验证而完成的发明。在 300 多年前的法国，有一位叫丹尼斯·帕平的青年医生，他同时也是一位物理学家，因故被迫逃往国外，沿着阿尔卑斯山艰难跋涉，打算去瑞士避难。他一路上风餐露宿，渴了找点儿山泉喝，饿了煮点儿土豆吃。有一次，他在山顶附近又觉得饿了，就又煮起土豆来。但是水滚开了几次，土豆依然不熟，他无可奈何地把没熟的土豆硬吃了下去。这件事给他留下了极深的印象。几年后，帕平的生活有了转机，但在阿尔卑斯山上的往事，他仍记忆犹新。一连串的问题在他的脑子里翻腾：哪些物理学原理能够解释这个现象？水的沸点与大气压有什么关系？随后，他又设想：如果用人工的办法让气压加大，水的沸点就不会像在平地上只有 100 摄氏度，而是会更高些，煮东西所花的时间或许会更少？”

“他后来肯定用实验去证明了一下。”

“是的，这是一个很重要的科学研究方法。他制造了一个密闭的容器，通过加热使容器内的水蒸气不断增加，容器内的气压增大，水的沸点也越来越高。但是，容器内的压力太大就会像炸弹一样引起容器爆炸。为了使容器内的压力不会过高，帕平发明了一个减压装置，用它使蒸汽在达到危险压力以前就排放出去，这个装置就是现在高压锅上的‘安全阀’。帕平给他发明的安全高压锅取了个名字叫‘消化器’，也就是现在的高压锅的雏形。”

“妈妈，我今天也要用实验的方法来验证一下，红烧肉对于一个又饥饿又疲劳的人的重要作用。”

妈妈听完说：“没问题，实验后请交上一份 2000 字的实验报告。”

18. 知一知二更要知三

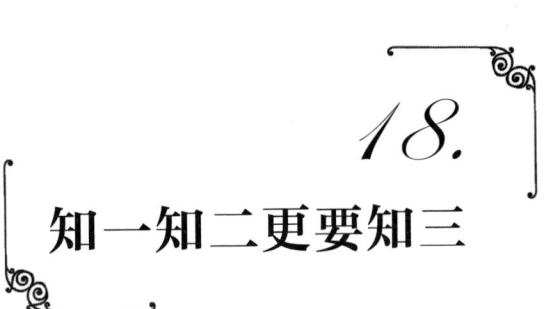

今天是爸爸骑着电动车送小墨子上学，父子二人也不着急，边聊边慢慢骑着。正说着，爸爸忽然加速了。小墨子正想问爸爸怎么了，一张嘴一下子吸了一大口烟，被呛得直咳嗽。小墨子扭头一看，一位大叔骑着车，抽着烟，正享受呢。

过了半晌，小墨子的咳嗽稍微停歇了，爸爸说："好些了吧，我刚才就看那个人手拿着烟正吸着呢，想赶在他吐出这口烟前超过他，结果还是慢了一步。"

"公共场合真是应该禁烟，否则就要永远都吸二手烟了，明明已经开始限制了为什么还会这样？"小墨子气鼓鼓地说。

"一切都需要一个过程，现阶段我们先自己想办法吧。注意我又要提速了！你憋气！"爸爸说着，又开始加速前进了。

小墨子一边憋气一边回头望去，又是一个骑车吸烟的人，嘴里吐出的一口浓烟向后飘去。紧跟在后面的阿姨也猝不及防地吸了二手烟，咳了起来。

"小墨子你知道吗？不仅二手烟对人不好，三手烟的危害更大。"

"三手烟？"

"对呀！三手烟指的是残留在室内家具和装修表面的尼古丁及其他

由香烟烟雾产生的化合物。你还记得有一次我们出去玩，在网上订房间，本来有一个我们常去的性价比非常高的酒店，结果就是因为他们只剩下可以吸烟的房间了，所以咱们就换了一个价格相对高、位置还有些偏远的酒店这件事儿吗？”

“哦，想起来了，我当时还奇怪呢。”

“当时我们没订这个房间的原因就是担心吸烟房里有残留在墙壁、家具上的尼古丁等，这些物质存留的时间少则几天，多则几个月。而且它们很顽固，不是简单开窗或者用排风扇能去掉的，这些残留物还会继续释放和传播。”

“三手烟比二手烟厉害多了！”小墨子不禁感叹，“除了尼古丁，还有什么易残留的有毒物质呢？”

“这些物质比较复杂，简单列举几种比较容易理解的吧。比如打火机油中的丁烷、稀释油漆溶剂里面的甲苯，还有铅……”

“这几种就够严重了，一想到这些东西要进入人体里就觉得可怕！”

“除了这些物质本身的毒性，三手烟还会和室内其他污染物，如亚硝酸、臭氧发生反应，进一步产生其他有毒物质。通过和三手烟的接触，比如触摸或者呼吸，这些有毒物质会被人体吸收。三手烟里的尼古丁更容易和环境中的亚硝酸结合形成亚硝胺，这种物质会损害人体细胞中的DNA。”

“天啊！太可怕了！我们应该如何避免三手烟的危害呢？”小墨子问。

“最直接的避免方式就是不吸烟。吸烟的人应勤洗手、勤换衣，如果在家里的阳台上抽烟，那还要定期清洁墙壁和家具，才能更好地避免对家人的影响。”

18. 知一知二更要知三

19. 离不开电的今天

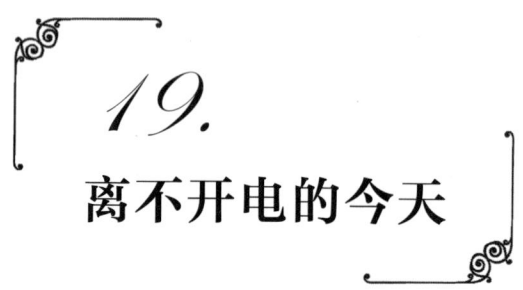

两天前，小区物业告示栏就通知大家今天要停电。其实以前也停过，只是停电时间大多是白天大家上班、上学的时间。这次不但停电时间长，而且还是在大家回家做饭、吃饭的时段。

妈妈做了充分的准备：两个充电的发光二极管（简称为LED）灯，电都充满了；冰箱呢，也都收拾干净，正好借着这个机会给冰箱除除霜；更细致的是妈妈考虑到做饭时用不了吸油烟机，准备的菜都是蒸菜和炖菜。唯一考验妈妈的是电饭煲不能用了，又要用煤气灶蒸饭了。

一桌晚餐在两盏LED灯的灯光下开始了。

“妈妈辛苦啦！在这样的条件下还能做出这样一桌美味的饭菜。”小墨子不由地赞叹。

“是啊，辛苦了！而且妈妈统筹安排的能力还超棒，你看，借着停电还把冰箱也清理了。”爸爸接着补充。

“好啦，快吃吧，先尝尝米饭蒸得怎么样！好久没有这样蒸饭啦。”妈妈说完先端起饭碗吃了一口，“嗯，口感不错。”

“嗯，确实不错。”爸爸吃了一大口之后说。

“爸爸妈妈，你们看，平时总有电不觉得，一停电真觉得不太方便！”小墨子说，“而且从现在人们对电的依赖程度来说，停电对于很多行业都会有影响吧？”

“也不一定，电力部门正好可以利用这个时间对平时不停歇工作的设备进行检修。”妈妈说。

“你们说的都对，小墨子能提出这个问题特别好。比如矿井肯定是特别怕停电，通风系统运行不了，没有氧气供应，有害气体还会增加。如果这时候不幸发生了事故，连救生舱都没法使用。”爸爸补充。

“这太可怕了！电对于矿井来说关系到工人叔叔的生命安全呢。”

“嗯，制造业也非常依赖电力。”爸爸补充道，“很多生产线无论是启动还是停止运行都需要很高的成本。例如半导体，它在制造过程中需要无尘环境，保持这种环境就需要电力，一旦停电，灰尘马上会污染生产线上的产品。”

“营造无尘环境真不容易，我房间不开窗，两天没打扫，书桌上的笔筒周围就落上薄薄的一层灰。”

“灰尘还只是一方面，半导体生产中有两个非常重要的工艺，如果中途停止，整条生产线上的产品就都报废了，因为产品的性能会受到严重影响。”

“说得我都觉得沉重了，那有没有不受电力影响的行业？”

“好像还真没有。”爸爸妈妈都认真想了想，分别摇了摇头。

“哎，我想到一个！在野外进行的考古是不是不会受停电的影响而能照常工作？我印象中这些考古工作者都是戴着手套、拿着小锤子和小刷子在工作。”

“并不是哦，小墨子。科技的发展已经影响了很多行业，考古学也一样。”爸爸别有深意地摇头说。

“考古工作者现在已经充分利用卫星定位系统进行初步的勘探了，

而且在挖掘的过程中也不只是拿铲子就可以解决，有的设备是需要电力来驱动的。”

“还有他们之间的联系不管是手机还是对讲机哪个能离得开电呢？”小墨子若有所思。

“哦，对了，手机，得把手机关机！要不今晚没法充电，明天手机该没电了。”爸爸提醒说。

“哦，我的电话手表也要先关机啦！”

20. 又到植树节

植树节快到了，小墨子妈妈单位的工会邀请员工，以家庭为单位一起在这个周末去郊区植树。听说有一位小时候常在一起玩儿、上学后就见面比较少的妈妈同事家的孩子也去，小墨子参与的积极性就更高了。

终于，周末到了，小墨子一家来到集合地点，看到好多家庭都到了。小墨子一下子就在人群中找到了那位小朋友，俩人高兴地抱在一起。要上车了，两个小朋友一致要求坐在一起，他们的要求自然被允许啦！唯一的要求是再激动，在车上说话的声音也要小，不能影响别人。

不一会儿，车子就开出了城区，没走高速而是拐上了一条城际道路。车子开得很快，道路两旁的树木飞快地向后退去。这时小朋友问小墨子："小墨子，你看这道路两旁的树干都刷着白色，你知道这是什么，有什么用吗？"

"你这么问，一定是知道答案的。我只记得这应该是石灰，好像是保护树木用的。"

"嗯，没错！我们学校每个假期都让自己研究一个问题，我寒假研究的就是这个。"

"哈哈！那快跟我分享一下吧。"

"那你可要用心听呀，这是我认真研究的成果。"小朋友显得有些

得意，“首先你刚才说这是保护树木的，这是对的，具体来说，应该是这层石灰水能防害虫，并且还能预防树木冻伤。”

“还能预防冻伤？”小墨子不禁问道。

“嗯，是的呀。很多树木细的枝干休眠早，粗的则休眠晚。天冷了，粗干里面的水分还在活动，石灰水的白色能反射 40%~70% 的阳光，从而减少昼夜温差，防止树木冻伤及树干冻裂。”

这次小墨子不说话了，而是冲他伸出了大拇指表示佩服。

小朋友点点头接着说：“至于防虫，首先，石灰水能杀死树皮里的一些想要过冬的虫卵；再有，树干涂了石灰水，土壤里的害虫也不愿意向上爬了。另外，你看这些涂白的高度也是统一的，一般是 1.2~1.5 米，而且，同一路段的高度要一致。”

正说话间，车停了，植树的地方终于到了。一棵棵小树苗已经躺在地上等着大家了，一把把铁锹也都备好了。

“这些小树苗怎么都光秃秃的？能种活吗？”小朋友看着不禁疑惑地问。

这时小墨子笑嘻嘻地说：“哈哈，这是我的研究领域啦！”

“那我就请教了。”小朋友双手抱拳说道。

“哈哈，别客气！因为刚种上的树苗根部吸收养分的能力比较弱，所以要去掉一些叶子降低水分的蒸发，保持树苗的生命力。这样可以让未来的树干更加结实，树形也会好看。”

“小墨子，谢谢你的分享，看来咱们以后要多多交流。这次的植树活动收获真大！”小朋友高兴地说。

夏

XIA

1. 猫会轻功吗？

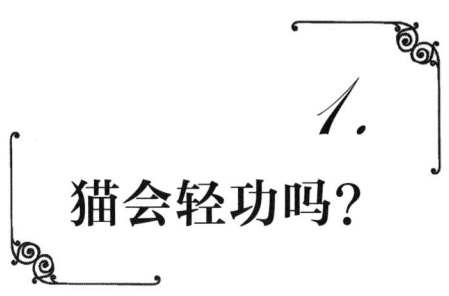

放学回家的路上，前面路旁高高的墙头上露出一张小猫脸，小猫目不转睛地望着阿诺和小墨子，小墨子他们也没往前再走，站在原地看着小猫。双方这么僵持了一会儿，小猫忽然一蹿，直接从墙头跳下，轻巧地落地，冲着他们俩“喵”地叫了一声，一转身跑了。

小墨子和阿诺看看小猫，望望墙，“小猫是会轻功吗？怎么从这么高的墙上跳下来也没事儿呢？”阿诺这些天刚看了一部武侠电影，对轻功非常感兴趣。

“你们想不想和这只小猫聊聊？”电话手表忽然说。

“真的吗？电话手表你还能跟小猫对话？”小墨子激动得声音都有些颤抖了。

“要不要？再不跟上那只小猫，它就跑远了。”电话手表平静地说。

“当然要！”小墨子和阿诺拔腿就要跑上去追。

“别跑，你们这么追，小猫会有不安全感，它会跑远的，让我先跟它说一下。”电话手表连忙制止，接着它发出了猫叫的声音。果然那只小猫停下来了，并转过身蹲下等他们，尾巴还轻柔地摇着。

“你好！小猫！”小墨子边说边向小猫摆了摆手。

“喵——喵——喵——”小猫一边叫一边摇着尾巴。

“它说，你们好，请叫我奔跑者。”电话手表翻译着。

“你的名字真酷！我能问问为什么你从那么高的地方跳下来却没事儿吗？”阿诺终于把心中的疑惑问了出来。

待电话手表翻译完，小猫开始长一声短一声地叫起来，最后电话手表是这么翻译的：“我们器官的平衡功能非常完善，在失去平衡时，眼睛和内耳器官先感受到，内耳里的前庭神经会把这种感觉传递给大脑，大脑通知脊髓，脊髓神经再传到四肢的骨骼肌，骨骼肌则能用最快的速度牵动肌肉运动，将失去平衡的身体调整好，做好落地准备。另外我的尾巴也能起到调节身体平衡的作用，再有你们看——”说到这儿的时候，小猫举起了一只前腿，露出前掌底，电话手表继续翻译道，“我脚底的肉垫柔软还有弹性，也能减震。”

小猫放下前爪，摇摇尾巴，“喵——喵——”叫了几声，转身走了。

“再见！奔跑者！”阿诺和小墨子也不等电话手表翻译了，他们猜测小猫刚才是跟他们再见呢。

1. 猫会轻功吗？

2.
哪儿来的果蝇？

工作日比较忙，因此一到周末，小墨子一家就会到超市把未来一周的食物买好。回家后，妈妈会将这些食材进行处理，做成半成品，保证平时小墨子回家能及时吃上饭。不过，蔬菜和水果他们从不多买，最多买够两天的，主要吃个新鲜。

一转眼，周三就到了。小墨子写完作业，问："爸爸，我记得周六咱们还买了葡萄，怎么这两天都没吃啊？"

"哎呀，你不说我都忘了！好像一直放在买菜的袋子里没拿出来。"爸爸扶额道。

"我去看看！"说着，小墨子就跑向放购物袋的地方，"葡萄都在购物袋里呢，就是不知道还能不能吃了。"

"拿过来看看还能抢救出来多少。"爸爸在厨房说。

小墨子拿着袋子到了厨房，一打开袋子，就从里面飞出了好多小虫："怎么有虫子了？"

"这是果蝇，咱这几天没开这塑料袋，有些葡萄烂了，水果腐烂常常会有这些小昆虫。"爸爸边说边用手挥舞着赶走这些果蝇，接着揪掉了烂掉的葡萄。可是，被赶走的果蝇没一会儿就又飞了回来，继续围着烂掉的葡萄飞。

“果蝇是从哪儿来的？购物袋袋口系着，上面还粘着称重后的价签。难道是水果上面带的？”小墨子感到很疑惑。

“就是这样子的，你看咱们买的这串葡萄已经熟透了，通常成年的果蝇已经在它上面产卵了。每只雌性果蝇能产卵 500 枚，一星期的时间就能从卵长成虫。”

“它们这繁殖能力也太强大了！”小墨子不禁感叹。

“不仅如此，科学家对这种小虫非常感兴趣，虽然它只有 8 条染色体，和人类的 46 条差很多，但是它们的基因和人类的基因非常相似，所以科学家认为研究果蝇对于研究人类自己也很有帮助。”

小墨子睁大眼睛观察着空中还残留的几只果蝇：“那我真应该好好观察一下它们。”

“观察得差不多了，请帮忙把这些垃圾清理了吧，记得要扔到厨余垃圾桶里。果蝇对食物和生存环境要求不高，而且非常喜欢含糖的有机材料，所以它们经常出没于水果中，也能在腐烂的肉、脏污的垃圾桶及汽水或酒精等环境中生存。因此，保持生活环境的干净卫生是减少果蝇的有效措施。”爸爸说。

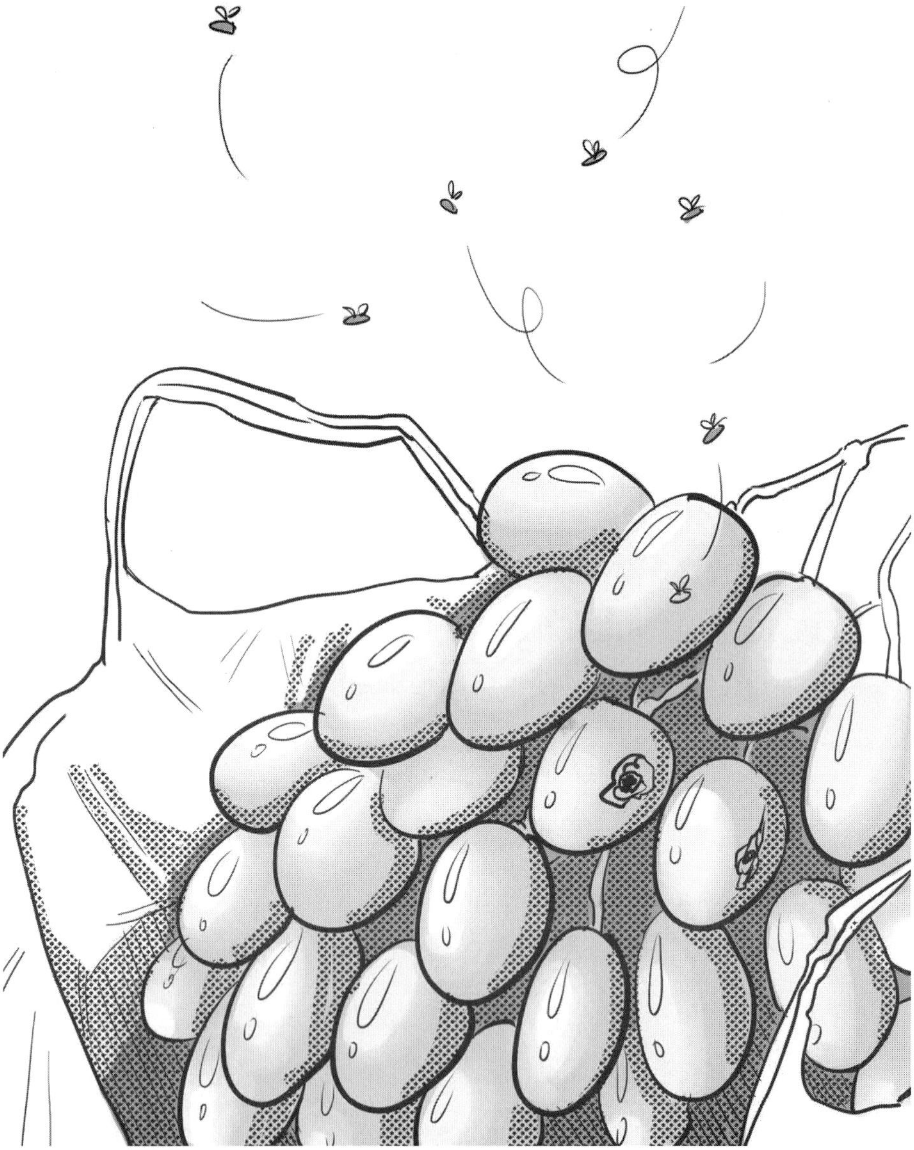

3. 鸡蛋要用冷水煮

“哎呀！小墨子，快起床！上学要迟到了！”早上，一家人在妈妈的一声惊呼中迅速清醒了。

没有醒盹儿的时间，没有伸懒腰的时间，小墨子一骨碌起身，起床、穿衣、洗漱……幸好小墨子有前一天收拾好书包、准备好衣物的好习惯。总之，一切要干的事儿速度都提上来了，能简化的也都简化了。

一转眼，小墨子穿戴整齐、背好书包站在妈妈面前：“妈妈，咱们先走吧，就别吃早饭了。”

“那可不行，早饭一定要吃。别急，我煮了鸡蛋，面包片也已经烤好了。”说着，妈妈打开了小锅的锅盖，“哎呀！鸡蛋清怎么都煮出来了？”

“您今天煮鸡蛋和以往有什么不同吗？”小墨子凑过来一看，只见三个鸡蛋都裂开了，鸡蛋清都凝固成各种形态挂在蛋壳外，有一块鸡蛋清甚至快和鸡蛋一样大了。“省得剥，倒是省事了！”小墨子的可爱在于从来都能发现事物积极的一面。

“应该都一样啊，一样的时间长短，一样的水量多少。”追求完美的妈妈还在思考这个问题。

“妈妈，咱们赶快吃了早饭就出发吧，等晚上再想。”小墨子边说边从一个鸡蛋上掰下一块鸡蛋清吃了起来。“嗯，味道一点儿没影响。”

“啊，我想起来了！和以往不一样的是这次是用热水煮的鸡蛋，本想着烧水能省点儿时间的。”妈妈忽然说道。

“妈妈，我真佩服您的执着。”小墨子边说，边往嘴里塞了一口面包片，“我快吃完了，咱们现在可以出发了吧？”

“好的，我也马上，不过这事我还是要去查查。”妈妈还在若有所思。

还好，小墨子最终到学校还不算晚，一进校门他就遇到阿诺，俩人边聊边向教室走去。

小墨子迫不及待地把早上的经历讲给了阿诺。阿诺听后立刻说：“这个原理我能解释！因为前两天我家也发生了同样的事情，我特意去查书了解了一下。”

“阿诺，你真棒！”小墨子佩服地说。

“谢谢小墨子，我也是受你的影响呀！”小墨子的赞扬让阿诺都有些不好意思了，“你看，鸡蛋有两头，大的那头有一个气室。当鸡蛋被放到热水里煮，气室里的空气会因为温度突然升高而迅速膨胀，这时就会产生比较大的、向外的压力，这股压力会把蛋壳弄破，让蛋清流了出来。”

“哦，原来是这么回事。”小墨子频频点头。

“你别着急，还没说完呢。如果是凉水煮，水温升高、空气膨胀、压力增加都是缓慢进行的，蛋壳上布满的肉眼看不见的气孔就可以有充足的时间把膨胀的空气释放出去，这样压力没有那么大，蛋壳就不会破，蛋清也就不容易流出了。”阿诺继续解释说。

“谢谢阿诺！回去我一定要把这个原理告诉妈妈。”小墨子边说边对阿诺竖起了大拇指。

4.
双胞胎

今天数学课要用量角器，昨天课上老师反复嘱咐大家要记得带。小墨子昨天晚上收拾书包时，对着记事本认真检查了一遍要带的东西，还细心地多带了一个量角器。

今天第一节课就是数学课，大家不但都带齐了用具，还都学得特别认真。最后老师给大家留了十分钟时间完成作业，还说这是大家共同努力的结果。

小墨子今天准备得很好，专注度高，效率也高，下课铃打响的那一刻，他连检查作业也完成了。数学老师走后，小墨子走到黑板前主动擦起黑板来。突然，他听见有人在班级门口叫他，扭头一看，是隔壁班双胞胎之一，但是他到现在也判断不出此时在门口叫他的是哥哥大双还是弟弟小双。小墨子走到门口，门口这位看着小墨子疑惑而又有些为难的表情，先主动张口了："小墨子，我是小双，能把你的量角器借我用用吗？我和大双都忘带了。"

小墨子说："没问题，我作业都写完了，你拿去用吧。"

"好嘞，谢谢小墨子，等今天放学就还给你。"小双拍着胸脯说。

"哈哈，你太客气啦。你等一下，我这就去取，正好有两副。"

小双果然说话算话。放学时，小墨子还没出校门，就看见校门外大双和小双穿着一样的衣服，背着一样的书包，正在放学的人群中寻找小墨子。一看小墨子出来了，两人一起向前走了几步，同声说：“谢谢小墨子。”其中一个把手伸出来，递过量角器。

“别客气，别忘了今天回去把量角器装到书包里啊。”

“放心吧！”大双和小双又异口同声地回答。

“我能问你们一个问题吗？”小墨子小心翼翼地问。

“是不是想问为什么我们俩长得一样？”他们中的一个边说边眨了眨眼睛，小墨子说：“你是小双！”

“这次你怎么一下就猜出来了？”小双笑眯眯地问。

“从借量角器这件事看，我觉得你像你们俩的代言人。”

“哈哈，我弟是比我外向些。”毫无疑问这次说话的一定是大双了。

“我来讲解一下。”小双接着说，“人最初都是妈妈的一颗卵子和爸爸的一颗精子结合在一起形成的受精卵，然后这颗受精卵在妈妈的子宫里，在胎盘内慢慢长大变成胎儿。我们本来是一个受精卵，但在长大的过程中分成两个，所以我们俩不但特别像，而且还会有些心灵感应。”说到这儿，小双停了下来。

“你是想让我接着补充吗？”大双笑着看着弟弟。

小双呵呵地笑了。“好吧，我继续补充。我们属于同卵双胞胎，还有一种异卵双胞胎，这是两颗卵子同时受精变成受精卵，他们会长得相似，但没我们这么像。”大双继续说。

“谢谢你们的分享，可惜这种奇妙的感觉我是没机会体验了，不过你们可以多给我讲讲。”乐天派的小墨子总能从一件事中发现好的一面。

5. 抽血要空腹

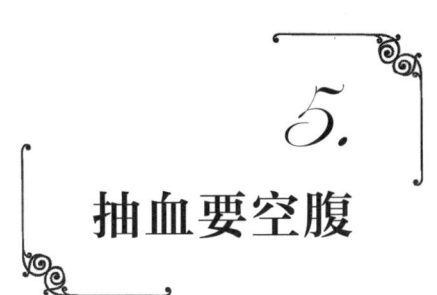

父亲节要到了，小墨子想要表达一下对爸爸的爱。花钱的事儿不在考虑范围内，因为他的压岁钱已经交了课外班的费用，妈妈说这是一种隐性投资。想干家务挣些钱，妈妈说作为家庭中的一员，每个人都应该有自己的一份付出，不能总和钱挂钩。好吧，这些赚钱的渠道都被堵住了，只能另寻出路。

这天，小墨子看了一篇报道，说一位爸爸每天都变着花样给孩子做早餐。这给了小墨子一个启示，不如反过来父亲节那天给爸爸做一顿早餐吧！打定主意后，小墨子准备这件事对妈妈也保密，给他们俩一个惊喜。

第二天就是父亲节了，前一天睡觉前小墨子看了看家里的食物储备，默默制定了一份营养健康的早餐食谱，还定了一个闹钟。

一大早因为心里惦记着给爸爸做早餐，闹钟还没响，小墨子就起床了。他熬了粥，煮了青菜和鸡蛋，煎了香肠，烤了几片面包，期待着爸爸妈妈起来的时候惊讶而欣喜地看着眼前这一切。

小墨子说："爸爸，父亲节快乐！这是我送给您的礼物。"

"谢谢小墨子！这礼物真是太棒了！"爸爸开心地说。

妈妈说："真好！连我都一起跟着享受了！"

俩人的表扬让小墨子都有些不好意思了，他赶紧说：“那你们就快吃吧！”

“哎哟，对了！”爸爸忽然一拍脑门说，“我今天得晚些时候才能享受你的礼物了，过会儿我体检要抽血。”

“抽血和您吃早饭有什么关系？”小墨子问。

“要抽血检查身体前，一般都要求空腹。因为空腹时身体会处于一种基础代谢的状态，人的情绪也比较稳定，能比较真实地反映出血液的情况，检测结果才有价值。如果吃了东西，食物消化后会有一些成分进入到血液里，让血液中某些成分的浓度增加，会对检测结果产生影响。所以爸爸不仅现在吃不了早饭，水也不能喝。”

“那我给您装一些带上吧？”

“谢谢小墨子！等体检结束，我一定吃你给我做的早饭！”

6. 顽强的苍蝇

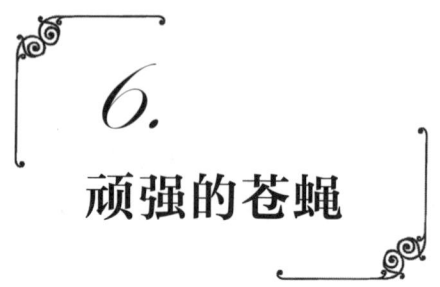

这天小墨子打开阳台的窗户通风，结果关纱窗时动作有些慢了，一下子飞进来一只苍蝇。这只苍蝇一进来就有了“宾至如归”的感觉，从阳台一路飞到客厅，这儿停停，那儿落落，就像来家里参观似的。

小墨子一边用手轰它，一边说：“快出去吧，这里不欢迎你！”谁知苍蝇可不管这些，居然径直飞进了卫生间，然后在马桶上起起落落。小墨子一路追过来，结果还是晚了一步，苍蝇又一扭身飞进他的房间了。这还行?！小墨子决心把苍蝇赶出去。于是他进了自己房间就把门关上了，扭头一找，看见苍蝇像跟他示威似的已经落到了他的枕头上。

这时电话手表小声说：“小墨子，你别急，拿一张大点儿的纸，先把窗户打开再把苍蝇往外赶。”

这个办法果然奏效，最终苍蝇还是被轰出去了，不过在它出去之前还分别巡视了小墨子屋子里的垃圾桶、小墨子的书桌、小墨子房间的天花板……

苍蝇一飞出去，小墨子迅速地关上了窗户，然后一下倒在床上：“我真是费了移山之力！挥舞这几下怎么好像比我打棒球还累！对了，电话手表，苍蝇哪儿都去，越脏越臭的地方好像越能吸引它们，但是它们怎么不生病呢？”

“小墨子，可不能小瞧苍蝇，它们身上有不少独特而神奇的特性呢，人类要是能把这些利用起来简直不敢想象。以你刚刚的问题为例，为什么苍蝇在不洁的地方出没却不生病呢？因为在长期进化的过程中，苍蝇已经和细菌形成了一种相互适应的关系。而且苍蝇体内有一大部分细菌都生存在它的消化道内。苍蝇能迅速摄取食物中的营养物质，然后将废物和病菌排出体外。这个过程非常短暂，细菌还来不及繁殖就被排出体外了。另外，苍蝇体内还有一种叫抗菌蛋白的物质，这种物质也能消灭一些病菌。”

“苍蝇真厉害，也真够顽强，抗菌能力真是不容小觑！”

“小墨子！自己在屋里干吗呢？怎么还自言自语的？没事儿吧？”忽然妈妈的声音从屋外传来。

“没事儿，妈妈！我正酝酿着给苍蝇写首赞歌呢。”

“什么？怎么想起给苍蝇写起赞歌了？快去练练毛笔字。”

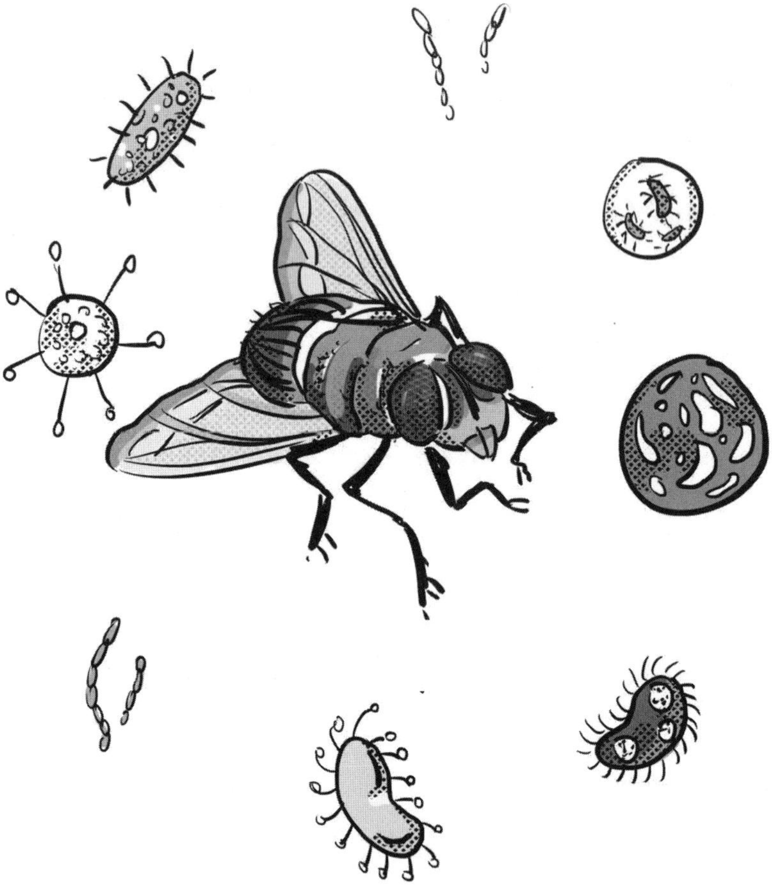

7. 心疼啄木鸟

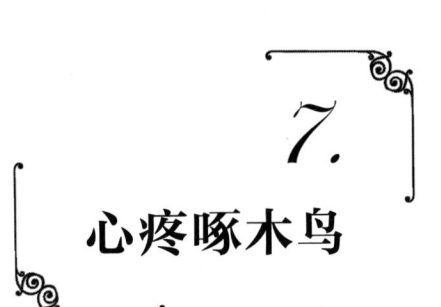

小墨子家附近有一个公园，里面的植物很多，栖息的鸟类也不少。常常会有摄影爱好者带着各种各样的摄影器材去那里蹲守、拍照，也会有一些学生观鸟活动小组在那里进行鸟类观察，观察完毕后还会进行交流、讨论。

小墨子作为观鸟活动小组的一员，经常参加观鸟活动。这天观鸟小组又在活动，小墨子也像往常一样参加了活动。顺着大家的目光一望，他发现一只啄木鸟正在“哆哆哆”地啄树干。在他观察的 10 多分钟里，啄木鸟一直在不停地使劲用嘴啄着树干。

“这得多疼啊，嘴还好，脑袋跟着一起不得震晕了。”小墨子暗想，“上次爸爸问我要不要再报个课外班，我使劲儿摇头，结果就这么几下，头都有些晕，啄木鸟不是得更晕吗？”

一会儿观鸟活动结束了，大家转移到一个相对空旷的地方开始提问、讨论。小墨子听得分外认真，但遗憾的是他的疑问没有人提问。小墨子鼓足勇气，在别人讨论的间隙提出了自己的问题。老师热情地回答了他的问题：“首先可以肯定的是，如果人像啄木鸟这样，每天啄树干达到 12000 次，轻则脑震荡、脑损伤，更严重些还会造成视网膜出血和脱落。”

听到这儿，小墨子不禁倒吸一口冷气。

老师继续说到:“但是大家放心，正常的人类是不会进行这样的尝试的，对于啄木鸟我们也不必担心。因为啄木鸟头部的构造很特殊，它的脑子比较小，而且头骨厚，骨头中间还有小空隙，这样可以有效地减弱振动的强度。这还不够，它的大脑表皮还有软骨膜，舌头很长，像橡皮筋一样，这些都能够帮助缓冲力量。”

“喔，原来是这么回事儿。”小墨子轻轻点了点头，感觉悬着的心放下了。

“好了，今天的观鸟活动就到这里，别忘了，下周六还是老时间、老地方。”

小墨子使劲点了点头，老师说着冲小墨子眨了眨眼，露出了会心的一笑。

1.
2.

8. 我们一起吹吹风

“妈妈！咱们不开空调，但是风扇是不是可以拿出来啦！”小墨子一回家就提出了需求，“这天儿别说运动了，我挥一挥衣袖就能带出几滴汗水。”

“来，去洗个澡，换身衣服，然后去客厅看看是不是已经凉风习习了？或者你来厨房先吹会儿风。”

“妈妈，咱们真是心灵相通！看来您已经把风扇拿出来啦！”听完妈妈的话，小墨子似乎已经感到凉爽了。

“我不但把原来的风扇拿出来了，而且现在客厅用的还是新买的风扇。你去试试，不但静音，而且吹出来的风还很柔和，档位也很多。家里的旧风扇我就放到厨房用了。”

“新风扇？我去看看！”小墨子直奔客厅。半晌他兴奋地回到妈妈身边，“新风扇真高级，双层扇叶，吹起来微风拂面，档位多，还很安静，比运行起来像战斗机一样轰轰响的老风扇强多了。”

“你这个说法太夸张了，原来的风扇声音是大一些，但是可还没到战斗机的程度。”妈妈笑着说。

“今天我们学的李白的诗，难免在表达上会受到一些夸张和浪漫主义的影响。”

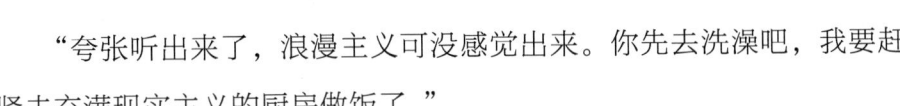

“夸张听出来了，浪漫主义可没感觉出来。你先去洗澡吧，我要赶紧去充满现实主义的厨房做饭了。”

洗完澡，妈妈特意嘱咐小墨子不要让风扇直吹着，可以让风扇背面冲着自己。小墨子一试，这个背面几乎没有风啊！小墨子还在疑惑，电话手表震了震，告诉他等做完作业再探讨关于风扇的问题。

所有的事儿都处理好后，小墨子没有奔向厨房，而是先和电话手表讨论起了风扇。

电话手表说：“你看，风扇扇叶是按照斜面的形式安排的，这样在它们快速转动的时候能给空气很强的推动力，从而让空气加速，然后风就能从风扇的正面非常集中地吹出来。正面吹出去的空气留下的空间由谁来填补呢？自然是风扇后面的空气。风扇后面的风要靠压差才能形成风，因此这个速度会比较慢，而且特别分散，所以你在后面就感受不到什么风了。”

“那关于新款风扇和老款风扇的区别，是不是双层扇叶让新款风扇的噪声降低的？”小墨子继续问道。

“首先要说的是老款风扇无论是三叶还是五叶，扇叶数量大多都是单数，它们均匀地分布在圆周上，这样能够更好地保持风扇快速旋转的平衡，偶数则容易产生共振。至于这种双层扇叶的风扇，能够产生一种旋涡风道，进一步改变气流，这样不但静音、柔和，而且送风的距离还远。”

“扇叶变成两层就产生了这么大的变化！我要把这些加一加、减一减的创新思维好好运用在日常生活中，我要是也能进行一些创造发明多好啊！”

“你有这种想法就好，平时要有这种意识，但别太刻意，否则也容易陷入只想着创造发明的窠臼里了。”

“窠臼？这个词真高级！”

“我也要不断升级、不断学习呀！这样才能不断成长，更好地帮助你。”

“向你学习！对了，现在还流行一种没有扇叶的风扇，这是什么原理呢？”

“它应用的是喷气式飞机和汽车的涡轮增压技术，先吸入空气，再通过边缘隐藏的叶轮把空气喷出。”

“真不敢想象，按照目前科技的发展速度，以后的风扇能够发展成什么样子？”

“哈哈！学海无涯！先去吃饭吧。”

8. 我们一起吹吹风

9. 我想吃活带鱼

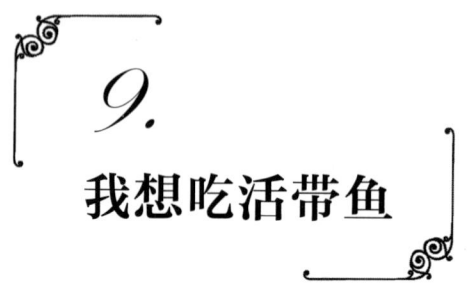

周末到了，小墨子一家和每个周末一样，拿着好几个结实的布袋子来到了超市。快过节了，超市的商品更加丰富，人们的购物车几乎都是满的。买完蔬菜，三人来到水产区一看，挑鱼的、称虾的、等着收拾鱼的人很多。妈妈说："那先去买调料吧。"小墨子却被这里丰富的水产吸引，于是他说自己想先留在这里看一看。经过再三和爸爸妈妈保证不会去别处、不会跟陌生人走后，爸爸妈妈才离开。

小墨子先看了看水池中活跃游动的基围虾和偏口鱼，又看了看在碎冰堆上摆放的一堆堆的冰鲜鱼虾，再看了看被捆绑得结结实实的螃蟹。这时，他被收拾鱼的叔叔吸引了，只见他动作娴熟地接过顾客递来的鱼，利索地刮鳞、开膛、冲洗、装袋，一系列动作如同行云流水一般。小墨子站在一旁连看着叔叔收拾了好几条鱼，不禁惊叹道："动作太熟练了！"

叔叔抬眼看见小墨子，还冲他笑了笑。有了这种赞扬，叔叔手上的动作仿佛更加流畅了。

过了一会儿，排队的人终于从少到无，叔叔这才直起腰，看见小墨子还在旁边站着，就问："小朋友爱吃鱼吗？"

"嗯，特别爱吃，尤其爱吃海鱼。"

“那待会儿你可以建议爸爸妈妈买点儿带鱼，今天搞活动，价格优惠，鱼还特别新鲜。”

小墨子扭脸一看旁边的冰堆上整齐地码着不少带鱼。“谢谢叔叔，我想让爸爸妈妈买活带鱼，咱们这儿有吗？”

叔叔一听，乐了：“小朋友，我也想看看呢，不过从我卖鱼到现在还没见过活带鱼呢。”

“那是为什么啊？”

“你想想，带鱼是海鱼啊，咱们这里哪有海水？”

“可是叔叔……”小墨子接着还要问，就听见妈妈说：“小墨子看够了吗？咱们该排队结账回家了。”

“好嘞，叔叔再见了。”小墨子只好告别叔叔去找爸爸妈妈了。

到家之后，小墨子还记着那个没解答完的疑问，回到自己屋里关上门，便开始请教电话手表。

“卖鱼的叔叔说对了一部分原因。”电话手表先肯定道，“但不完全，这主要和带鱼的生活环境有关。带鱼白天生活在海水的中下层，晚上又到海水的底层活动，总之，它们的活动范围是在海面下 15~40 米，这个深度的海水有很大的压力。”

“哦，那带鱼身体也要有同样大的向外的力，否则它们会被压扁的。”小墨子补充道。

“小墨子，你的思考是正确的。因此当带鱼被打捞上来，到了浅海时水压已经小了很多，等到送到岸上时，就完全没有水压了。鱼鳔内的压力会将鱼鳔胀破，接着血管也会破裂，带鱼就因此死掉了。”

“原来是这样，看来要想吃活带鱼只能直接拿着刀叉去深海和带鱼搏斗了。”

生鲜

10. 重要的蚯蚓

“真是城市新雨后，空气特别好啊！”小墨子和阿诺放学回家，一拐进这条长着高大道旁树的街道，小墨子就情不自禁改编了一句古诗，还吟诵了出来。

“是啊，本来雨后空气就好，这条路上又是草地又是道旁树，空气可不是更棒啦！”阿诺深深地吸了一口气，也情不自禁地附和起来，“不过小墨子，你这诗改得水平可有些一般啊。”

“哈哈！你也来一首呗。”小墨子颇有些不服气。

“我来就来！啊——”阿诺一边“啊”的大叫，一边跳到一旁。

“阿诺，你这诗是不是感情太强烈了，上来就‘啊’而且还带跳跃的动作。”

“小墨子，你看，你看那是什么！”小墨子顺着阿诺手指的方向一看，只见一条蚯蚓湿漉漉地在水洼里待着呢。

“咳，阿诺，你诗没吟出来倒是被吓了一跳，这就是蚯蚓啊！让我们帮它一下，免得待会儿被人踩了，或者太阳出来被晒干了。”说完小墨子捡起一根被雨打落的小树杈，把蚯蚓挑了起来。蚯蚓一被挑起来，一个劲儿地扭动着身体，结果“啪”的一声掉了下来。

“哎呀，别管它了！”远远站在一边的阿诺忍不住说。

“怎么也是个生命，而且蚯蚓可是有重要作用的。”小墨子边说，边把刚才的树杈折成了两段，然后像用筷子似的把蚯蚓夹了起来，口中还念念有词，“蚯蚓乖啊，我是要救你，你还要去土壤中发挥作用呢。”不知道蚯蚓是被夹住不容易动了，还是听懂了小墨子的话，这次它动得没那么厉害。小墨子把蚯蚓轻轻地掷到了草地的中间地带，还不忘嘱咐一句：“别出来了，土地才是你的家。”

这时，阿诺才凑过来，说：“小墨子，你说蚯蚓有什么重要作用啊？”

“上次我是听电话手表给我讲的，有一句话我当时觉得特别震撼，印象也特别深，那就是达尔文说的‘可以怀疑的是，在世界的历史长河中，是否有许多其他动物像蚯蚓这样能担当如此重要的角色。’你说蚯蚓重要不重要？”

“确实重要！小墨子，看来这句话确实让你感受很深。”电话手表冷不丁地出声了。

“电话手表，下次你说话之前可不可以先让我们有一个心理准备？”阿诺这次又被吓了一跳。

“好的！我看周围没别人，一听你这么说就有些激动了。下次我先振动一下再说。”电话手表平静地说。

“谢谢电话手表，你快来说说蚯蚓的作用吧。”

“蚯蚓钻洞的时候，疏松了土壤，而且它排出的粪便也使土地变得更加肥沃，这些都十分利于植物的生长。一定数量的蚯蚓在 5 年左右的时间里就能制造出 2.5 厘米厚营养丰富的土壤，但如果是靠自然分解产生同样的土壤，阿诺你猜猜，要多少年？”

“5 年？”阿诺看着小墨子，犹犹豫豫地说出这个数字。结果小墨子坚定地摇摇头。

“那就是 50 年？”阿诺接着底气不足地猜。小墨子笑着摇了摇头。

阿诺瞪大眼睛惊讶地问：“不会是 500 年吧？！”小墨子点了点头说：“嗯，答对了！就是 500 年！”

“所以，阿诺，我们是不是该好好爱护蚯蚓呢？”电话手表问。

“太应该了！谢谢你告诉我。走吧，小墨子！咱们边走边找自己爬到便道上的蚯蚓，把它们送回草地上。不过我来找，你来送。”

辛苦了 今天也

11. 远看有水坑

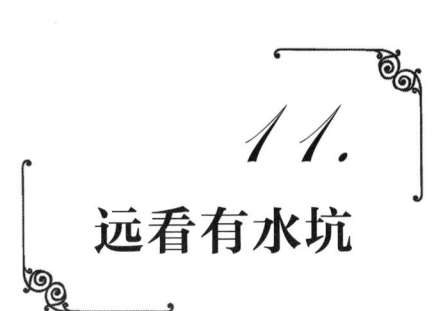

小墨子家很少开空调、吃冷饮。爸爸妈妈的观点是要保证人自身最基础的代谢，如果总是依赖这些对身体不好。当然，也有例外，在最闷热的那几天，小墨子家晚上还是要开一会儿空调，大家好睡个踏实觉。

这几天就是最闷热的桑拿天了，别说运动了，仿佛挥一挥衣袖都会流下几滴汗水，洗完澡擦干了没一会儿身上又汗津津的。

今天是周五，因为老师临时有事，所以明天的钢琴课就暂停了，小墨子总觉得还有什么事情要发生。

果然，三点多放学，小墨子就看见妈妈等在学校门口。接到他后，妈妈把他领到学校附近的停车场，就看见爸爸把车停在树荫下，坐在车里摇下车窗在乘凉。

“哇，是不是要来一次说走就走的旅行？”尽管动动就会出汗，小墨子还是激动地向爸爸奔了过去。

“我们这次的主题是探访天然空调！走吧，我们趁着现在车不多，赶紧往山里去。让我们不开空调，捂着大被子好好睡一觉！”爸爸说。

“噢，走喽！”

因为时间还早，道路上的车辆不多。爸爸不禁感慨：“看看这平坦宽阔的路面，要是平时上下班也能这样多好！”

半晌没有得到小墨子的回应，爸爸不禁问：“怎么了，小墨子？”

妈妈回头看了一眼，发现小墨子正探着头和身子凝神往前看呢，要不是因为系着安全带，他的身子可能都能探出车窗了。妈妈没打扰他，顺着他的眼神向前望去，只见远远的暑气蒸腾的地面好像有一汪水在泛着光。但是等车真正开过去的时候，却发现什么水都没有，只有黑黑的柏油路，接着再看前方远处，好像又出现一摊……

“今天怎么回事儿，一个人不说话，另一个人也不说话了，你们可不能睡觉啊，会影响司机开车的。”爸爸笑着说。

“哦，爸爸对不起啊，没睡没睡，我就是总觉得前面有水坑，等到近前却发现根本没有水。也是啊，这么阳光灿烂的天气，也没有洒水，哪儿来的水？但是看着就是水啊。”小墨子疑惑地说。

爸爸还没说话，妈妈就接话了：“让爸爸专心开车，妈妈来给你解释这件事。”

“好呀，妈妈。”

“这个可以说是一种海市蜃楼现象，再具体一点，应该称为‘下蜃现象’，因为看到的景象是在实际物体的下方。你可以猜一猜，这柏油路上，我们远远看着像一汪水的景象，实际上折射的是什么呢？”

“是天空吗？”小墨子猜道。

“没错，就是天空。这种现象的产生，简单地说，好比是光和空气在玩游戏。”

“这个游戏是不是温度也参与了？因为在我的印象中，冬天好像就没看到过这种现象。”

“的确与温度有关。空气分子能让光线发生弯曲，这个弯曲的程度就与空气的薄厚有关，而空气的薄厚就与温度有关了。热空气要薄一些，你看在这种炽热的阳光下，柏油路被晒得直冒热气，自然它上方的空气也就变热了。但是再往上仍然是冷空气，这种温度的差异就造成一种折射效果。当光线把天空的影像投射到柏油路上，再加上热空气的剧烈运动，这片天空就感觉像水一样在闪光。车一开近，这影像又后退了，我们就会有一种永远触及不到的感觉。”妈妈耐心地解释着。

“我觉得这个现象产生得好，大热天看看水坑还真有降温的效果，不过还会有一种总是可望而不可即的失落感。”小墨子感慨道。

12. 爸爸的树

“爸爸，这个假期咱们回您老家吧。”说到这次小长假的安排，小墨子提出了这个想法。

“可以啊，你还有什么特别的想法吗？”爸爸问。

“我想再去和那棵‘爸爸的树’合张影。”

“‘爸爸的树’？什么意思？”

看着爸爸不解的样子，小墨子一下笑出了声：“对了，您还不知道，‘爸爸的树’是我给您小时候种的那棵树起的名字。”

“‘爸爸的树’？怎么想起来给那棵树起这个名字了？”

“老师布置了一个作业，让大家准备一些能够让人触摸到时间流逝的东西，我就想到您种的那棵树。这次您和我都单独与树合影，然后我再把您小时候与树的合影放上，这样三张一起，多有意思！”

“嗯，这个想法好！妈妈没意见吧？”爸爸问。

“有意见，我也要和这棵树合影！”妈妈说完这话，自己都乐了。

转眼小长假就到了，为了避免拥堵，爸爸特意选择了中间的一天开车带一家人回老家。小墨子的兴奋劲儿就别提了，在他的提议下爸爸把车直接开到了这棵树旁。

三个人走下车，一阵风适时地吹过，这棵树摆动着枝条，发出

“哗哗”的声音。

“爸爸，是不是大树跟我们打招呼呢？”

“哎呀，说起来真有三四年没过来看看这棵树了。”爸爸亲热地拍拍树干，“感觉又长高了些呢！”

“哇，那您在上面给我建造一间树屋吧，它要是能不断地往上长就太棒了！”

“哈哈，你这个想法和我小时候的想法一样。知道我为什么种这棵树吗？当年我看武侠小说，说武林高手能飞檐走壁，我就想，种一棵树每天都来跳一下，树渐渐长高，我的跳跃能力也不断增长，最后不也能练成绝世神功吗？现在想想真有趣。”

“爸爸，这个想法有道理呀！我也要种一棵我的树。”

“好啊！妈妈回头帮你买棵树苗，完成你和你爸爸的愿望。”

“谢谢妈妈！对了爸爸，树为什么不能无限地往上长呢？”

“这个呀，是一种自然选择。首先如果大树长得非常高，是不是要有相当强的抗风能力？”

“是啊，不要说特别高的大树了，特别恶劣的狂风暴雨天气都能把小区里普通的大树吹断枝杈，甚至连根拔起呢！”

“对呀，而且你再想想，大树用什么吸收营养和水分呢？”

“是根部。”

“没错。树木叶子表面的气孔蒸发水分，产生蒸腾作用，水分是从树根吸收后向上运送的。那么受地球引力的影响，树越高，营养和水分的运输则越困难。”

“嗯，是这样的。而且，依据生物生长的条件，我觉得树木不能无限地往上长，因为还会受到阳光、氧气的影响。”小墨子若有所思。

“嗯，非常正确。除了氧气还有二氧化碳。高度越高，二氧化碳的浓度就越低，这样对树的光合作用就有影响。”爸爸继续解释说。

“小墨子，你说树的高度和树的种类有没有关系呢？”妈妈问。

“妈妈，我觉得肯定有关系，不同种类的狗都有大小的区别呢！”

“嗯，对呀。不过能具体说说吗？”

“还是让爸爸具体说一下吧！”小墨子又将问题抛给了爸爸。

“不同种类的树，树干里的细管粗细不同，细管越细，根部的水分通过细管的毛细作用能够达到的高度就越高，树才能长得更高些。”

“那回头我要查查这棵‘爸爸的树’是什么树，我要选择一个能长得更高的树种。”

“哈哈，没问题，咱们快拍照吧，要不就把这次来的目的都忘了。”爸爸笑眯眯地催道。

13.
泥土的味道

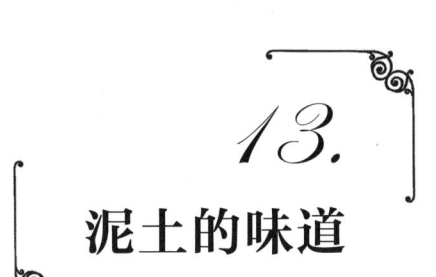

下了一下午的雨，接近傍晚的时候，天晴了，天边挂着一道彩虹，一切都被雨水冲刷得那么清亮。

一看天放晴了，小墨子在得到爸爸妈妈的允许后，赶紧给阿诺打电话，约她一起到街心的小公园玩。

小墨子穿上心爱的小雨靴，一走出楼门就闻到一股清新的泥土的气息，他不禁连着深呼吸了好几下。在花草丛中，小墨子仔细欣赏着垂挂在叶片、花瓣上的雨珠。他眯着眼睛透过雨滴向外望去，发现整个世界都不一样了。

忽然，他感到自己的肩膀被人轻轻地拍了几下，一转头就发现阿诺笑呵呵地站在自己身后。

“啊，你来啦！走吧，我们先一起抢救一下下了雨自己爬到便道上来的蚯蚓，免得它们被不注意的人们踩死。”小墨子边说边向蚯蚓走去。

“好啊，不过我们不能玩得太晚，妈妈说还要一起吃饭。”

“好的，放心吧，我也要回去吃饭。”

“我特别喜欢雨后的味道！而且每次都觉得闻不够。”阿诺一边深呼吸，一边伸展着身体说。

“我也是！我们总叫这种味道是‘泥土的芳香’。不过这是土地味道吗？”

“这个，我知道！”沉寂了好久的电话手表忽然发话了。

“哈哈，电话手表，好久没听到你的声音啦！”阿诺亲切地说。

“我觉得你们很多事情都能自己去探究、去查资料找答案，非常棒！我自然就可以休息啦。不过今天我担心这个问题你们玩一会儿就忘记了，所以要及时解释给你们听。”

“哈哈，是的呀！玩一会儿，回家再吃饭，说不定就真的忘记了！”阿诺说。

“实际上，雨后你们闻到的这种味道来自一种细菌，它叫放线菌。它适合生存在潮湿温暖的土壤中，一旦干燥了它就会努力地繁殖。对于细菌来说，所谓的繁殖就是在头部产生孢子。那么今天这场雨对于放线菌的孢子来说，是一场重要的、能够借此成长为放线菌的及时雨。雨水的冲击和湿气将这些微小的孢子升到空气中，附着在雨后潮湿空气所形成的气溶剂中，就像空气清新喷雾剂那样四处飘荡、扩散。那么这种泥土的芳香或者有人说的‘土腥味’，就是扩散的时候释放出来土臭素的味道。”

“看来细菌在我们的生活中真的是太重要了。放线菌、孢子、土臭素，嗯，我记住了。谢谢电话手表！”

“是，谢谢你，电话手表，你出现得总是那么及时。”阿诺接着说。

13.
泥土的味道

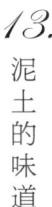

14. 美味小龙虾

刚收拾完晚饭的碗筷，门铃就响了，小墨子和妈妈还在猜测是谁来了的时候，爸爸已经高高兴兴地奔过去:“来喽！是我订的好吃的！”

“刚吃完饭，就订吃的，这可太不健康了！”妈妈说。

“爸爸您订什么好吃的了？我能和您一起吗？”

“你看，你暴饮暴食还带上儿子！”听小墨子说要和爸爸一起吃，妈妈的语气里透着埋怨。

“看看，我订了什么！”爸爸的情绪倒是一点儿都不受影响，他端回一大盒用锡纸包着的东西，“哈哈！小龙虾！麻辣小龙虾！看足球比赛的绝配！”

“咳，小龙虾啊，不是麻就是辣。妈妈，您放心，这个我不吃！”

“这么晚了，为什么还要订呢？”妈妈还是不满意。

“你不知道，今天是我支持的那支球队冲击世界杯的关键比赛，小龙虾配足球，这个气氛必须要有！而且，我是心疼送餐的师傅，订得太晚人家送着辛苦，因此就先下单了。”爸爸解释道。

“好吧，你要这么说我就理解了，让你放纵一回。”妈妈的语气缓和了许多，她知道这支球队是爸爸从初中就开始支持的，如今已经变成了一种情结。

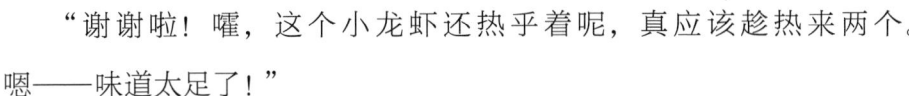

“谢谢啦！嚯，这个小龙虾还热乎着呢，真应该趁热来两个。嗯——味道太足了！”

看着爸爸沉醉的样子，小墨子乐了：“爸爸，小龙虾有那么好吃吗？”

“哈哈，当然啦！除了人们常说的酸甜苦辣咸这几种味觉，还有一种是鲜味。小龙虾不仅有其他鲜味食物含有的游离氨基酸、核苷酸等，还特别有占了游离氨基酸总量将近一半的精氨酸。这种物质的味道让小龙虾除鲜之外更有一些特别的口味。”

“哇，让您说得我都想尝尝了！”

“别忙，接着再具体说说虾头和其他部位的虾肉。虾头含有的粗蛋白更多，刚才说的那种游离氨基酸也更多，说起来就更鲜了。但是，它容易残留更多的重金属，所以我只能忍痛割爱，现在就把虾头都扯下来，顺便让虾身子泡在汤里再多入入味儿。”

“是不是小龙虾和其他物种一样，也是野生的比人工养殖的味道更好呢？”

“一半一半吧。人工养殖的小龙虾吃的是特别配出来的饲料，虾肉中的赖氨酸和丙氨酸会比野生小龙虾含量高，因此吃虾肉还是吃养殖的更鲜。但是虾头则是野生的味道更胜一筹。”

“那一定是因为野生小龙虾的头部某种氨酸更多一些。”小墨子赶紧抢答。

“对，野生小龙虾头部的谷氨酸、缬氨酸和蛋氨酸更多一些。”

“哈哈，爸爸，您太厉害了！不但爱吃、会吃，还吃出了学问！”

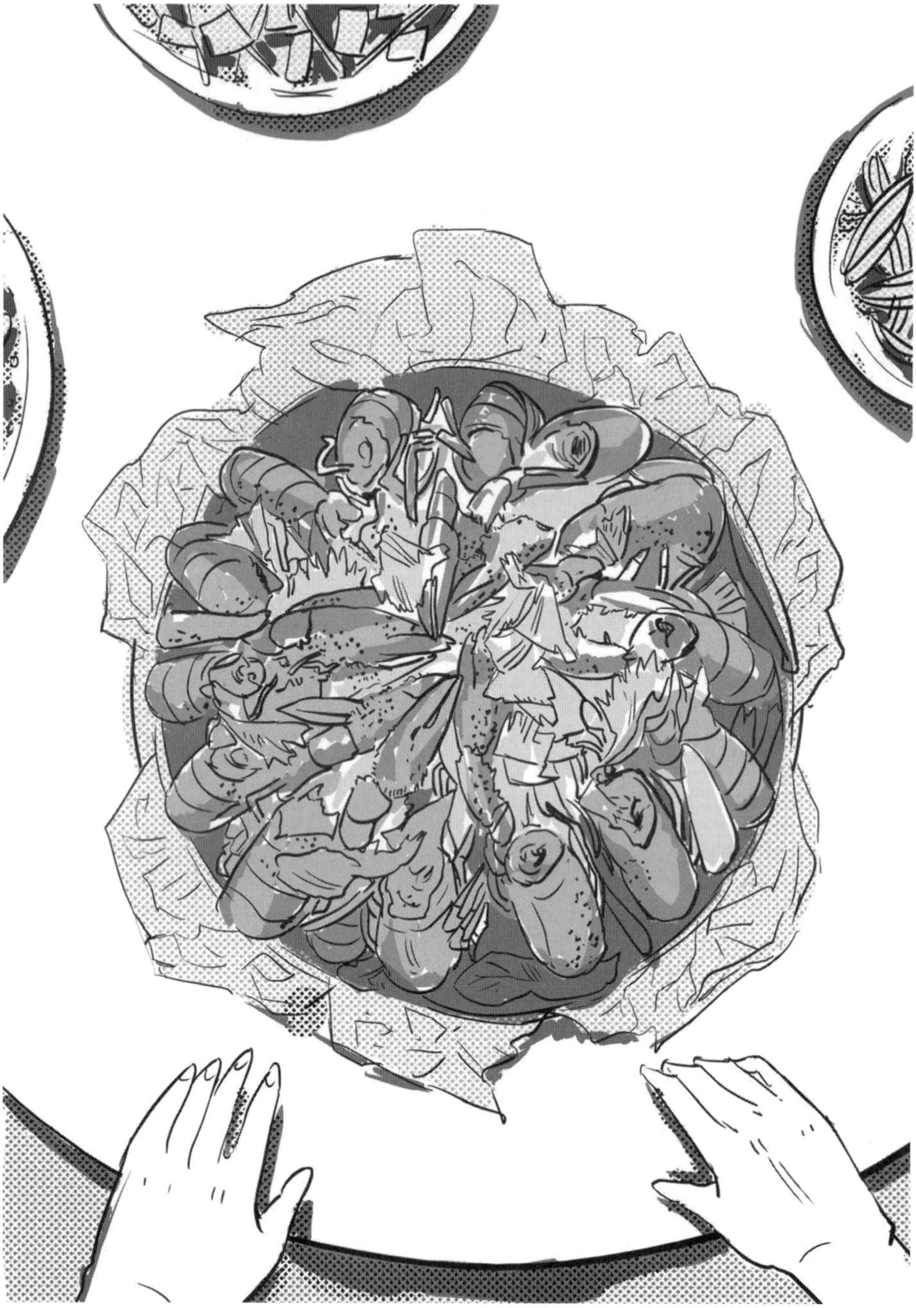

15. 星星眨眼

小墨子最近对天空啊、星空啊特别感兴趣，为什么呢？因为前不久，老师上课的时候讲到人的品质，引用了法国作家雨果的一句话："世界上最宽阔的东西是海洋，比海洋更宽阔的是天空，比天空更宽阔的是人的心灵。"小墨子听了之后觉得非常有意境。夜里他望着星空不禁感叹："这星空是多么深邃无边啊！我以后也要做有博大胸怀的人。"

小墨子立下这个志向，还对观察星星产生了兴趣。爸爸妈妈带他去了几次天文馆，他还觉得不够，总想亲自去观察一下真正的星空，把在天文馆认识的那些星座都见识一下。不过城里的各种灯光实在是太亮了，即使有那么一次……嘘，这可是小墨子的小秘密啊，除了电话手表，小墨子的爸爸妈妈都不知道。

小墨子想，是不是等深夜灯光没那么多了就能好好观察一下星空了呢？于是他在一个天气很好的夜晚央求电话手表在深夜叫他一次，电话手表欣然答应。深夜，小墨子挣扎着起来了。但等他把惺忪的睡眼揉清楚了，向外一望，觉得这星空只比平时看到的好那么一丁点。

终于，小墨子向爸爸申请，想去一个灯光少点儿的地方看星空。爸爸非常支持，他不但同意带小墨子去一个能看到银河的地方，还给小墨子买了一架天文望远镜。

说走就走，傍晚，一家人到达了目的地。小墨子看看周围，除了农家乐院子里的几盏灯，其他地方就没什么人工光源了。看来今天晚上有希望可以好好观察星星了！

夜晚终于来了，妈妈嘱咐小墨子多穿点儿。小墨子一出屋门就迫不及待地抬头张望：感觉真不一样啊！

他越往暗处走，效果越好。这时爸爸来到小墨子身边问："怎么样小墨子？今天尽兴了吗？"

"嗯，我觉得我都与星空融为一体了。而且，您看星星好像在跟我眨眼睛呢！"

"这与大气的密度、薄厚、透明度有关系。大气并不是完全透明的，还会含有水蒸气、灰尘等杂质。不同区域各种杂质含量不同，温度不均，大气层各处的密度和透明度也就变得不均匀。并且大气层是在不断运动的，大气温度的变化，会使大气层上层冷空气下沉，也会使下层暖空气上升，空气不断流动就产生了风。来自星星的光线经过这厚厚的、密度和透明度不断改变的大气层时就会发生多次折射，并且折射光线也会时刻变化。折射光线在传到我们眼睛的过程中就会忽前忽后、忽左忽右、忽明忽暗，总在不断变化。因此，星星看起来好像在晃动，也就是你说的星星像在眨眼似的。"

"谢谢爸爸，原来是这样啊！不过我今天还是想理解成星星在向我眨眼，因为我一下子能这么清楚地看到这么多星星实在是太不容易了！这就是我的浪漫！"小墨子笑着说。

"哈哈，没问题！我浪漫的儿子！"爸爸摸着小墨子的头，也开心地笑了。

15. 星星眨眼

16. 蜘蛛架网本领高

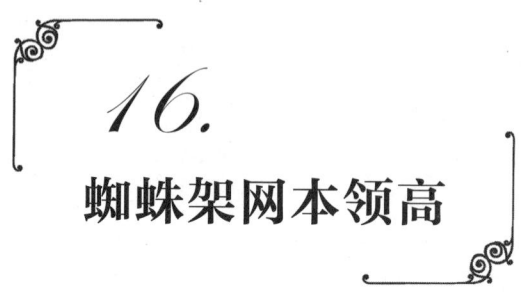

今天天气特别好，天空湛蓝，还没有风。对于小墨子来说，唯有好天气和美食是不可辜负的，于是他拉着爸爸到家附近的公园找了块空地打羽毛球。父子俩你来我往打了好几个回合，爸爸说："干得漂亮，小墨子！最近进步很大，继续加油！"说完爸爸使劲儿把手里的球发了出去。爸爸想用声东击西的战术，结果一下子劲儿使大了，球出界，小墨子直接得分，两人平分。

小墨子兴奋地去捡球了。但他捡了球没有马上回来，而是在落球的两棵树之间静静地观察了起来。

"看什么呢，小墨子？"爸爸边问边走了过来。小墨子示意爸爸别出声，指了指两棵树之间。爸爸定睛一看，才发现两棵树之间有一张大大的蜘蛛网，一只蜘蛛正在上面享用美食呢。

"蜘蛛怎么能在距离这么远的两棵树之间架网呢？"小墨子小声问。

"在某种程度上说，蜘蛛可是本领高超的建筑师呢！"爸爸感叹道。听完爸爸的话，小墨子观察得更仔细了。

"研究发现，蜘蛛架网的方式有两种。一种就是它从一边引出很多根长度能到对面的长丝，丝随着风飘，蜘蛛则不断地用脚去触动固定点，如果发现其中一根丝拉不动了，说明这根丝的另一端已经被吹到另一边，缠到树枝或其他东西上，这就等于架成了天索。”

“它可真能想办法，另一种呢？”

“另一种是把丝固定在一侧的一点，它把自己吊在上面，等垂到地面后，爬到对面，在垂下和爬动的同时继续放着丝，到了对面再把丝收起来，等长度合适就把丝固定在另一侧的一个点上。蜘蛛会把先架起来的这根蛛丝作为支撑线，再来来回回粘上几根丝，让它变粗，接着在下面平行架起第二条，最后就可以在它们中间织网了。”

“真是令人佩服！”小墨子听完冲着蜘蛛抱拳鞠躬，然后说，“走吧！爸爸咱俩继续羽毛球大战吧！”

17. 风是雨的头

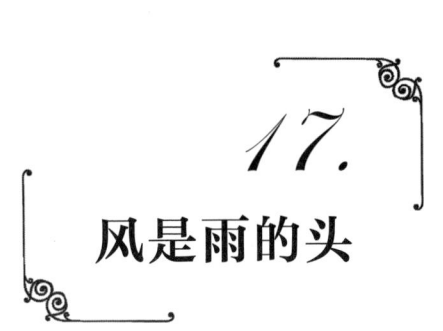

连续闷热了好几天，除了知了还在精力十足、不厌其烦地叫着，连爱运动的小墨子活动积极性都不高了。

从外面回来，小墨子直奔卫生间，脱下外面穿的衣服，洗了个澡。换好干净的衣服后，小墨子立马觉得神清气爽了。“妈妈，家里空调温度定的多少？这个感觉太舒服了！”

“哦，跟往常一样，26 摄氏度，这个温度是最适宜的了，但可不能在空调出风口下面吹啊。”妈妈提醒道。

“好的，我记着呢。不过我还是更喜欢自然状态下的凉爽呀。”说到这儿，小墨子望着外面的天说，“风啊，雨啊，你们什么时候来啊？”

“小墨子，就算天闷热点儿，但是该做的事儿还是要做哦。妈妈不是还要在灶台旁边做饭吗？而且，今天天气预报说傍晚会有雨，你快去做作业，说不定，咱们吃完晚饭就能享受自然带来的凉爽了。”

“知道喽，妈妈辛苦了，我这就开始！”

晚饭过后，小墨子一家休息了一会儿，接着一人捧着一本书，开始了每天固定的“静读时光”。过了一会儿，外面起风了，妈妈先抬起了头，望着外面剧烈摇晃的枝叶说：“看样子，就要下雨了啊。”

“您怎么知道要下雨了？”小墨子问。

“这个呀，我还真不知道，反正老话儿都这么说，而且通过这么多年的经验，这句话还是很有实践意义的。”

“爸爸，您能解释一下为什么‘风是雨的头’吗？”在妈妈那里没得到答案，小墨子转头看着爸爸问。

“这还真问到爸爸的专业上来了。要回答这个问题，你能先来解释一下风是怎么形成的吗？”

“风啊，空气一流动就形成风了。”小墨子自信地说。

爸爸听完满意地点点头：“嗯，没错。知道了什么是风，还要了解一下雨是怎么形成的。”爸爸继续说，“雨按照形成原因一般分为气旋雨、对流雨、地形雨和锋面雨。气旋雨也叫台风雨，顾名思义是由台风活动带来的降水现象。对流雨是大气对流运动引起的降水现象，其形成原因是近地面层空气受热或高层空气强烈降温，促使低层空气上升，水汽冷却凝结，最终形成降水。对流雨以低纬度地区表现最多，降水时间一般在午后，特别是在赤道地区，降水时间非常准确。地形雨是湿润气流遇到山脉等高地阻挡时被迫抬升而气温降低形成的降水。形成降水的山坡正好是迎风的一面；而背风的一面，因为气流下沉，温度升高，不再形成降水。”

“那锋面雨呢？”小墨子问。

“在我们生活中比较常见的就是锋面雨。说到锋面雨，首先要说一下什么是锋面。当两种性质不同的气流相遇，它们中间的交界面叫锋面。在锋面上，暖、湿、较轻的空气被抬升到冷、干、较重的空气上面。在抬升的过程中，由于气温不断降低，水汽就会冷却凝结，最终成云降雨。”爸爸耐心地解释。

“原来是这样，每种雨的形成都有气流运动呢。”小墨子若有所思。

“是啊，你看，下雨前，空气的上下对流运动很快，下层的空气大量向高空流动，到高空又向外流。这样地面所承受的空气重量就大大减少，大气压力降得很低，于是四周的空气就像潮水一样涌来。这些剧烈的空气流动就是风呀！所以，下雨前经常会先刮起大风。”

“嗯！谢谢爸爸！我又学到了新知识！老祖宗诚不我欺。”小墨子高兴地说。

18. 我想再白点儿

“小墨子，你说怎么能再白一点儿？”课间阿诺忽然问。

“这个问题？”小墨子挠着脑袋想了一下，“我实在没关注过，我倒觉得黑点儿好，显得多健康啊！但是你的问题倒是让我想到，为什么大家的肤色会不一样呢？”

“那咱问问电话手表？”阿诺非常相信电话手表的权威性。

“嗯，但我觉得咱们也不能太依赖电话手表，还是先去图书馆，在书里找找，这样印象会更深。”小墨子说完，觉得手腕儿震动了一下，低头一看，电话手表屏幕上显示出了一个“棒”的图标，看来电话手表也赞同他的建议。

中午，俩人在自由活动时间径直来到图书馆，检索了一下之后找到了解释不同肤色产生原因的书。小墨子示意阿诺看书上有这样的文字：人类皮肤颜色与一种叫‘黑色素’的深色化学物质有关，它存在于皮肤基底层的细胞中。人的肤色不管是白色、黄色、棕色还是黑色，都会有一些黑色素，但由于人身体制造黑色素的量不同，就出现了不同的肤色。产生的黑色素越少，肤色就越浅，反之肤色就越深。

“哦，原来是这样！”阿诺不禁小声感叹。

二人继续看着：“黑色素能通过吸收太阳炽热的光线来保护人的身

体，防止皮肤被炽热的阳光晒伤，因此在热带地区的人类会制造更多的黑色素，他们的肤色也就普遍较深。人类身体产生黑色素的多少及肤色深浅主要是从父母那里遗传的，但当太阳照射皮肤时，皮肤会制造出更多的黑色素，这就是夏天在海边游泳会被晒黑的原因。”

看到这儿，小墨子在一张纸上给阿诺写了一行字：“所以，你首先应该庆幸父母是黄种人，其次建议你假期就别去海边，还是在家比较好。”写完之后，他情不自禁地捂嘴笑了。

18. 我想再白点儿

19. 日月同辉

还记得一年级的时候，怎么那么巧，小墨子和阿诺在语文、数学、英语三科考试前都在上学路上的那个街角偶遇，更巧的是两个人那次考试的成绩都是满分。作为两个在求学道路上刚刚起步的小朋友，自然是兴奋异常。

小墨子和阿诺一样，尽管两个人都是学习习惯良好的孩子，但是他们还是希望考前在街角相遇，让自己的信心更足。此后每次期末考试他们俩都会在这个街角约定好，然后一起去学校。

转眼又要期末考试了。前一天放学的时候，阿诺跟小墨子说：“明天，老地方见！加油！”

果然第二天早上，阿诺远远地就看见小墨子已经在街角等着了。两人一碰面就默契地点点头，小墨子说：“这次我们要继续加油啊！”

“一定的！你看天上月亮还没下去，太阳已经上来了，这不就是日月同辉嘛。”

小墨子抬头看去，可不是嘛！太阳已经把自己的光辉洒满大地，而在另一边，月亮还浅浅地挂在天上。

就这样，信心满满的两个人走进了考场，然后又踌躇满志地走在回家的路上。

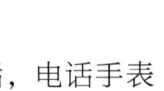

“你们俩今天考得怎么样？”在一阵“嗡嗡”震动之后，电话手表说话了。

“认真的复习加上良好的状态，哈哈，我们都应该考得不错。”阿诺先回答了。

“嗯，是不是还可以加上积极的心理暗示？”电话手表补充说。

“比如考前街角的相遇？”小墨子笑呵呵地补充。

“比如今早的日月同辉？”阿诺接着说。

“日月同辉你们知道是什么原理吗？”电话手表突然问道。

“这个……我觉得其实如果白天仔细观察，还是能够看到月亮挂在天上的，而且还会有星星，只是白天太阳光太亮了，就看不出来了。”小墨子回答得有些不确定。

“阿诺有什么要补充的吗？”电话手表问。

“我还记得一本书上说，太阳光会被行星和它们周围的卫星反射回来，这些行星和卫星就是靠反射太阳发出的光线来发光的。”阿诺补充道。

“嗯，你们俩说的都有道理。确实白天和夜晚一样，天上依然有恒星、行星和卫星，只是大气散射的太阳光淹没了其他光线。月亮表面是灰色的岩石，它只能反射 7% 的太阳光，因此只有当夜晚的时候月亮才会显得特别明亮。”

“哦，这种反射的感觉就像太阳光在沥青路面上的反射效果，是吗？”小墨子问。

“是的，就类似这种效果。另外因为月亮离我们比其他恒星更近，因此它比一些发光的恒星显得更亮。”

“我们能看到的除太阳之外最亮的恒星应该是……是天狼星！”阿

诺说。

“是的，但距离近的优势让月亮比天狼星要亮 33000 倍。”

“电话手表，有你真棒！通过‘日月同辉’，你又让我们知道了这么多。”阿诺不禁赞叹。

“你们两人的广泛阅读和认真观察才是更让我欣赏的。”电话手表平静地说。

19.
日月同辉

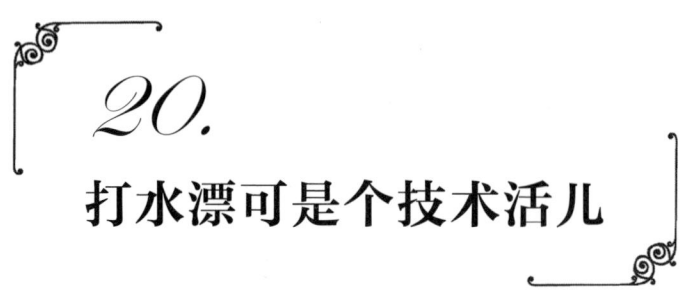

20. 打水漂可是个技术活儿

已经下午 5 点了，太阳在散发余晖。人们都以树荫的范围决定自己或站或坐的地方，于是在阴凉的地方聚集的人就多些，阳光下则少有人出现。

哎，也不是，远远地看见两个人，就在河滩上，就在太阳下，时而弯腰低头寻找，时而欢呼雀跃，时而向着水面挥臂出击。他们已经这样玩了很长时间。

你的直觉没错，他们就是小墨子父子俩。

前些天，爸爸给小墨子展示了他少年时在河边的必杀技——打水漂连跳十下。小墨子下定决心要青出于蓝而胜于蓝，于是这几天就一个人在河边苦练。当然，他还有电话手表这个好参谋。他们一起从原料开始分析，到出手的角度，直到小墨子打出的水漂能稳定地保持在连跳十下左右。虽然小墨子的肤色深了几个色号，但是技艺精进了很多。

这天就是他向爸爸发出挑战的日子，爷俩决定比试一下。

几个回合下来，小墨子状态越来越稳定。开始的时候，因为受爸爸的威名影响，小墨子还是有些紧张。但是赢了几次后，小墨子找到了自信，手感也越来越好，爷俩比分有些胶着，不过最终小墨子以稳定的发挥赢得了胜利。

小墨子振臂高呼，电话手表也悄悄地振动了两下，还在屏幕上为小墨子放了礼花。

“小墨子，真棒！不服输，肯琢磨，有行动！”

爸爸这一说倒让小墨子不好意思了：“哈哈！向爸爸学习！”

“来来来，这回该你给爸爸说说经验了。”

“爸爸，我一定知无不言，言无不尽，不过我觉得咱们应该先找一个阴凉的地方聊。”刚才完全沉浸在比赛里的两个人这才觉得热了。

“快来喝点儿水吧。”看见爷俩过来了，在树荫下看书的妈妈赶紧招呼他们。

“好嘞，今天小墨子胜利了，待会儿咱们一起听他讲讲他打水漂的窍门。”

“你是把你当年的绝招都毫无保留地教给小墨子啦？”妈妈一边给小墨子擦着汗一边问爸爸。

“我没有啊，是小墨子自己琢磨出来的。”

“不是我自己，我也是和一个好伙伴一起研究出来的。”小墨子有电话手表这个不能公开的好伙伴，不愿意独自享受这份荣誉。

“快来说说这段时间是如何练习的？”

“爸爸，我说得不准确的地方您要纠正我啊。首先我选择尽量扁平的石头，这样它受到的水的托力更大。其次就是角度的问题，要让石片和水面形成的夹角保持在 20 度，这样石头才能在前进时受到水面提供的向上的分力。这个角度最难掌握，20 度最好；小了，石片难跳起来；大了，阻力就大了。控制好角度是我后期主攻的方向。”

“哈哈，快来击掌！”爸爸向小墨子伸出手，“这也正是我当年的主攻方向。”

小墨子因为和爸爸有共同点而感到高兴，他开心地与爸爸击掌，又接着补充道:“除了石片形状和角度，再有就是速度了。有了足够的速度，刚才说的水面给石片向上的分力才足够大，才能让石片弹起来。另外也因为速度快，石头有足够的动能，水漂才能打得次数多。”

“手动点赞！你看，生活处处皆学问，打水漂也是技术活儿啊！”爸爸说着，竖起了大拇指。

20. 打水漂可是个技术活儿

秋

QIU

1. 手指头老了?

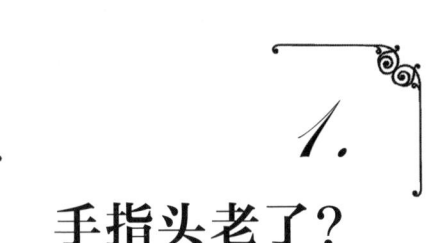

长假来了，小墨子一家三口错峰出行，选择在长假的第二天出发。这样不仅路况好一些，而且再加上用爸爸的话评价是“睿智、果敢、坚毅”的妈妈提早预订的一间房子，假期简直完美。

抵达目的地，推开门，就看见温暖的阳光洒满了整个房间，从大大的飘窗望去，是一窗的风景。小墨子兴奋地这儿摸摸，那儿看看。当他看见浴室里面的大浴缸时，就决定哪儿都不去了，要先好好泡个澡。

小墨子这边放着水，那边搜罗了一些能泡在浴缸里的玩具，一股脑地放进了浴缸里。等他也泡进去的时候，还高兴地唱起了歌。

爸爸妈妈在房间里听着小墨子唱了一首又一首歌，觉得不能让他再这么泡下去了。爸爸去敲了敲门：“小墨子，该出来了，再不出来你就该泡化了。”

“这就出来了！”

一会儿小墨子出来了，他边走边认真地看着自己的两只手心：“爸爸妈妈你们快看，我的手掌长皱纹了，难道我真要被泡化了？”

“怎么会，那是爸爸在吓唬你呢！过来，让妈妈看看你的手。”

小墨子把手伸到爸爸妈妈眼前，只见小墨子的手有些发白，每根手指的指肚都发皱了。

“没事儿，水泡的，一会儿就好了。”妈妈说。

“爸爸，我还要知道为什么！”显然小墨子对这个回答并不满意。

“好，妈妈先去泡澡，爸爸给你讲原理。讲之前你可以先看看自己的脚，是不是脚跟和脚趾也像手指肚一样皱皱的？”

小墨子一屁股坐在床上，掰过脚一看：“确实，也是皱的。”

“我们的皮肤没有防水性，反而很亲水，连空气中的水分都能吸收，要是像你这样在水中浸泡自然就更会膨胀了。手指、手掌、脚趾和脚掌的皮肤比别处的更厚，自然吸的水就更多。”看着小墨子依旧略带疑惑的表情，爸爸接着补充道，“皮肤最外层是表皮层，下面是真皮层，但这二者并不完全贴合。表皮层的蛋白质吸收了水分膨胀后，表皮层和真皮层分离，这就是你看到指肚上高低不平的褶皱形成的原因。至于手掌心和脚掌心，因为它们的表皮层和真皮层贴合得更加紧密，就不容易形成褶皱。”

“爸爸您知道吗？随着了解到的一些生活现象中的科学原理越来越多，我未来的职业选择总在不断地变化，我现在又想研究人体了。”

“没关系啊，这个很正常，当你掌握的知识达到一定的广度和深度时，你会发现很多领域实际上是相通的。”

1. 手指头老了？

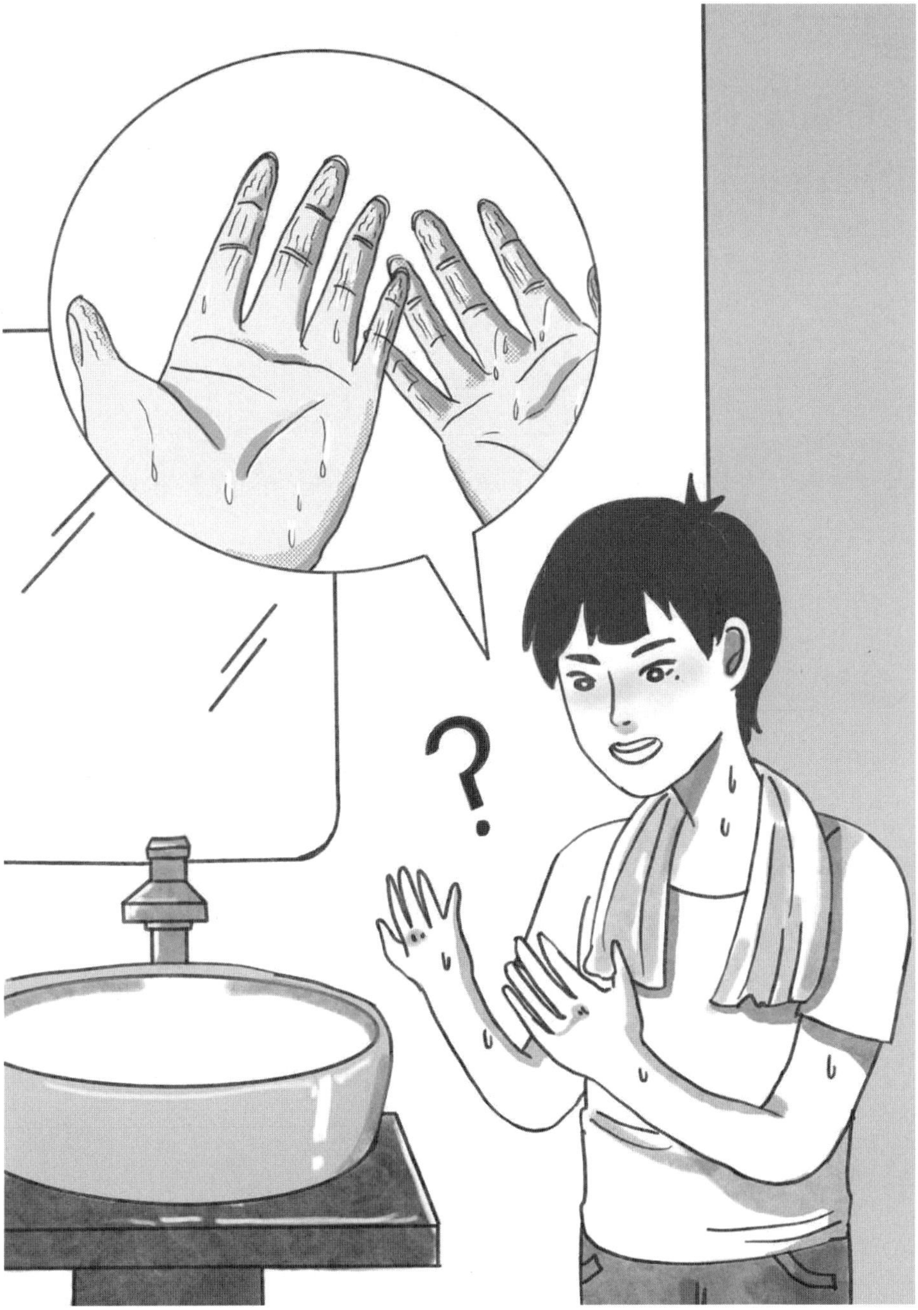

2. 我也想献血

这两天把小墨子的妈妈累坏了，你猜为什么？因为换季了！换季就意味着要把上一季的衣服洗干净，叠起来，再分类收起来，然后还要把下一季的衣服拿出来分类整理，有些还需要熨烫一下。另外像小墨子这样还在一直长个儿，还要看看他的哪些衣服小了，哪些需要新添置。你说，什么，这就累啦？对呀，这可是一个浩大的工程。

关上了最后一扇衣橱门，妈妈长出了一口气，轻轻地捶了捶腰。

“妈妈，您还好吧？”小墨子关心地问。

“还好。小墨子，你来试试去年这几条裤子还能不能穿。”

“好嘞！马上！”一会儿小墨子穿着一条七分裤走到妈妈面前，指着腰说：“妈妈，这条长裤变成七分裤我还能接受，不过这个腰实在是太紧了。”

“哈哈，快脱了吧，另外几条别试了，肯定跟这条一样的效果。你把这几条叠好放在一个干净袋子里，待会儿把它们放到小区旧衣服回收站去。然后咱们去商场，得给你买新裤子了！”

在网购发达的今天，商场依然是人们休闲娱乐的一个好去处。还没到商场，已经看到商场前的广场上有不少人了。在人群中，一辆高大的、白色的、画着红十字符号的献血车格外显眼，几个人在献血车前面的台子旁或咨询或在填表。小墨子好奇地凑了过去，问一个护士模样的阿姨："阿姨，是什么人都能献血吗？我能献血吗？"此话一出，周围的人都笑了。阿姨说："小朋友，谢谢你。不过献血是有年龄限制的，要在 18~55 岁之间，你年龄太小了。这里有份宣传册，你可以拿回去看一看。"

和阿姨道别后，小墨子和妈妈向商场走去，妈妈说："小墨子，其实关于献血的知识妈妈现在就可以给你讲一些。"

"您什么时候也成这方面的专家了？"

"因为妈妈三个月前刚献完血啊。"

"您真棒！不过怎么没听您说起？"

"因为这是一件很普通的事情啊。我上次献了 200 毫升血，只占我身体血量的 5%，献血后储藏在脏器中的血液很快就补充过来了。而且，献血对提高免疫力、预防心脏病、降低血脂都有益处，所以，献血是一件利人利己的事。"

"妈妈，我又要对您刮目相看了！"小墨子边说边用手指肚轻轻刮了刮自己的眉毛。

"真有你的！"妈妈一下子被他逗笑了，"你呀，回家再看看刚才阿姨给你的小册子，我只是给你说了些皮毛。献血还有些注意事项可以了解一下。"

"好嘞，妈妈！看您这么棒，我觉得今天除了给我买裤子，您也应该奖励自己一件新衣服。"小墨子边说边向妈妈挤了挤眼睛。

无偿献血
富强民主 文明和谐
无偿献血

3. 辣眼睛

又到了周末，平时不在厨房施展但是总标榜自己是厨艺精英的爸爸准备一展风采了。施展是施展，不过爸爸做饭恨不得让全家都动起来。

你看，妈妈正帮着爸爸准备调料。妈妈的评价是：“哎，爸爸做个饭，还得一人吹笛儿，一人捏眼儿。”

你听，“小墨子，把你的泳镜给我用用！”爸爸大喊。

什么？泳镜？是的，你没听错。但是小墨子以为自己听错了，连忙问：“爸爸，您要什么？泳镜？您这架势刚摆开就不干了？准备游泳去了？”

“就是泳镜，想吃下饭的炒烤肉怎么能没泳镜呢？不对，口误，是怎么能没洋葱呢？我要切洋葱怎么能没泳镜呢？”

“好的，我这就去拿！”小墨子一下就想到了上次在妈妈切洋葱时，自己在妈妈身边剥蒜的情景，真是涕泪横流！于是立刻听从爸爸的吩咐，赶紧去拿泳镜了。

“爸爸，给您，您还真会想办法。上次妈妈是戴了一副太阳镜，您这个密封性就更好了。”

“哈哈，快看看，我戴上这副泳镜像不像动画片里的英雄人物。”爸爸戴上了泳镜后比了个造型，弄得小墨子忍俊不禁。

“哈哈！您这造型绝对前无古人后无来者。但是，洋葱里面有什么成分能这么厉害，如此辣眼睛啊？”小墨子问道。

“首先，眼睛流出眼泪实际上是人体的一种自我保护，眼泪要把那些刺激眼睛的物质冲掉。”

“那洋葱产生出这种刺激性的物质是不是也是一种自我保护啊？”

“对，有道理。当洋葱被切开时，它会释放出蒜氨酸酶。如果仅仅是蒜氨酸酶还没什么，紧接着它会让洋葱中含有的氨基酸转化成次磺酸，次磺酸也没闲着，迅速进行了分子的再次排列组合。这次就形成了那种会辣眼睛的挥发性物质了，名字还特别复杂，叫丙硫醛-S-氧化物。记住了吗？”

“这个，真不好记！”

爷俩还要接着交流，这时妈妈过来了：“大厨，我这边给您备好东西了，您可以开始了。”

“好嘞，你们就都等着吃吧！”爸爸边说边戴上泳镜向厨房走去。

4. 这不是我想要的颜色

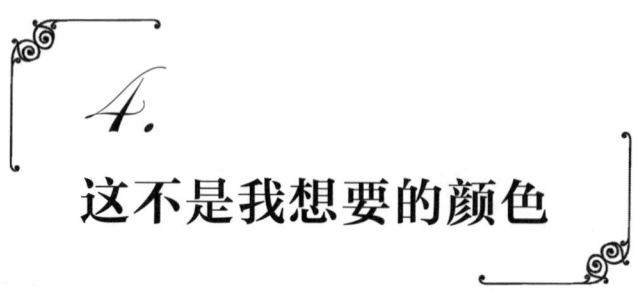

今天不是校服日，一早小墨子就看见阿诺穿着自己的衣服走过来了。“早上好，阿诺，怎么一大早就这么高兴，是不是穿新衣服了？”

“哇，小墨子，你具备了一个优秀人才的两个基本品质——会观察、懂赞美！”阿诺的脸在朝阳的映照下焕发着光彩。

“谢谢！咱们彼此彼此！”

“你真说对了，看看我的牛仔裤，是新买的。说起来这条牛仔裤，昨天还差点儿让我误会了妈妈。当然，同时还产生了一个疑问。”

“怎么回事儿？”小墨子不解地问。

“这条裤子是在网上买的，当看到图片时，我一下子就喜欢上了，特别是它的颜色，是我喜欢的那种蓝色。昨天终于到货了，妈妈知道我着急想穿，拆了包装标签就洗了。当我回家的时候，妈妈正把裤子从洗衣机里拿出来准备晾呢。结果我一看，为什么颜色不是我当初图片看到的颜色啊，深了很多。我还以为妈妈拍错了颜色，但妈妈说洗之前没这么深，而且已经洗过没法再退了。当时我特别遗憾。结果早上起来发现牛仔裤颜色变浅了，又变成了我喜欢的颜色，不知道这是为什么。不过，不管为什么，我一早就高高兴兴地把新裤子穿出来了。”

“你的话提醒了我，你看园丁在浇花移动水管的时候，水洒到地面上，地面上的颜色也变深了，不知道是不是和牛仔裤变色一个道理。”

“那……请教一下电话手表吧？要不这事儿就忘了。”阿诺看着小墨子的手腕说道。

“嗯，可以肯定的是你们俩说的事情是一个原理，不过我想你们可以先利用午休时间在学校图书馆查一查，放学的时候我们交流一下，没查到的我为你们补充，好不好？”电话手表说。

“嗯，好的，这样我们一定会印象更深刻的。”阿诺说。

午休的时候，小墨子和阿诺从班级直接向图书馆走去。小墨子说：“阿诺，我觉得这个问题应该与光有关系。”阿诺点了点头。

到了图书馆，小墨子直接请图书馆负责老师帮忙进行了检索，这一下快多了，他们直接到达相关区域，并看到了好几本和光有关的书籍。

小墨子正在翻找着，刚看到一段相关的，旁边的阿诺轻轻戳了戳他，指了指自己手里的这本书上的一段文字。书上写着：着水后物体颜色变深的现象和光的折射有关。在真空状态下，光几乎是沿着一条直线传播，一旦穿过其他物体表面会产生弯曲，并以 Z 字形传播回去，这个就是折射。

小墨子笑了，小声说：“我这里是对你的内容的补充。”说着他指了指自己手里的书，只见上面写着：不同物质有不同的折射率，水是 1.33，棉花是 1.5……

“这样看来，我觉得湿牛仔裤颜色变深的原因基本找到了。”阿诺低声说。

放学回家的路上，小墨子和阿诺一看周围没人，先把中午查到的内容向电话手表进行了转述，接着小墨子说：“因此当用棉花织成的牛仔裤被水浸湿后，它原本的折射率就降低了，更多的光线穿过了纤维，少部分进行了散射，所以我们就觉得物体颜色变深了。阿诺你还有补充吗？”

“我忽然想到，有一次看到一个人下雨没带伞，白衬衫被淋透，都能看到皮肤，是不是也是这个原因啊？”阿诺说。

“嗯，你们俩真棒！衣服被淋透能看到皮肤也是这个原理。”电话手表称赞道。

“太好了！这个问题我们自己解决啦！”小墨子和阿诺的喜悦之情溢于言表。

5. 我是右撇子

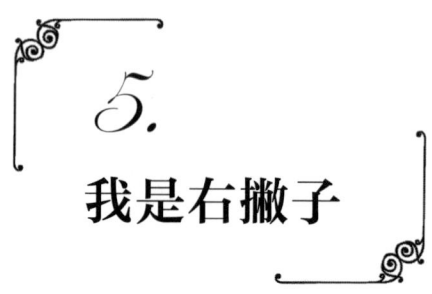

“妈妈，我有一个大发现！”小墨子放学一见到妈妈就迫不及待地宣布。

“快说说，你发现了什么？”

“这些日子我看了拿破仑、居里夫人等人的传记，发现他们写字都是用左手的，做其他很多事都习惯用左手，而且听说达·芬奇也是。这是不是就说明用左手的比较有智慧啊？我要是也主要用左手就好啦！”

“哦，我们一般称这样的人是左撇子，其实像我们这样习惯用右手的人占的比例更大，因此不会特别说明。”

“为什么会出现习惯用不同的手的现象呢？”

“这是和遗传、环境等因素有关。目前约每十个人当中就会有一个左撇子。我们人类的祖先习惯用右手去攻击、去劳动，用左手来保护自己。”

“那左撇子会不会和右撇子有些区别呢？”小墨子问。

“是会有些区别。人体神经的经路是中途交叉的，也就是说左边大脑半球管的是右手，左手则归右边的大脑半球负责。右脑更擅长于形象思维，会有更多的创意，节奏感比较强，空间平衡能力会更好一些，对身边事物比较敏感，在对反应要求比较高的对抗性体育项目上，右脑的优势会被左撇子发挥出来，往往能出奇制胜。”

“总也有些劣势吧？”小墨子有些不服气地说。

“当然了，由于这个世界还是右撇子多，因此很多工具都是为右撇子设计的，左撇子在使用的时候会感到不便。”

“嗯，是的，记得在澳大利亚体验原住民的“飞去来”的时候，难怪人家要问你是用左手还是右手？看来不同的手，使用的东西还不一样。我还是踏踏实实地做一个快乐的右撇子吧。”

6. 3D 打印干吗用?

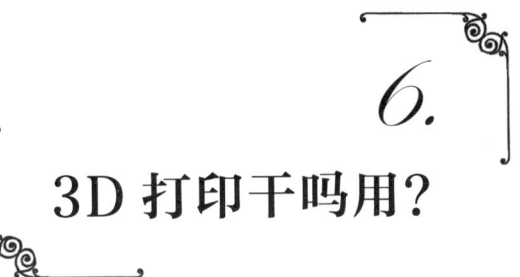

小墨子过生日了，姥姥和姥爷送给他一支 3D 打印笔。阿诺听说之后情不自禁地赞叹:“哇，你姥姥姥爷好时髦啊!”

“嗯，他们俩都是永立时代潮头的人。在身边有好多人还不知道微博、微信是什么的时候，我姥姥姥爷已经常常用发微博、发朋友圈来记录生活了。他们的微博有不少粉丝呢，有的是他们的同龄人，有的是一些叔叔阿姨，他们会把我姥姥姥爷的微博给自己家的老人看，在下面留言的时候会说‘这就是传说中别人的父母’。你看我姥姥姥爷还成了传说了。”

“你跟他们在一起是不是觉得总是充满活力?”

“是啊!他们总是接触一些新鲜事物，有时候我都觉得跟不上。比如这支 3D 打印笔，刚给我的时候我也觉得特别新鲜，趴在地板上照着图样做了几个东西，不过现在这个新鲜劲儿已经有些过了，真不知道这个 3D 打印技术有什么用?”

小墨子忽然觉得自己的手腕振动了一下，低头看了一眼电话手表，就向阿诺说:“电话手表可以说说这件事。”

“我先举一个你身边的例子，你爸爸那把特别贵的、都不舍得让你用的拍子是由什么做的?”电话手表问。

“钛金属！”小墨子脱口而出，“我不能用这个拍子打，不过也感受了一下，这个拍子确实更轻。但是我不能理解的是，爸爸都说了它的强度更强，还耐腐蚀，为什么我就不能用呢？”

“当你读武侠小说的时候你就会发现，里面的侠客对于自己趁手的兵器也相当爱护，不愿意让别人碰，也许叔叔对那把拍子有相同的感情。”阿诺解释道。

“哈哈，看来真的是这个道理！”

“目前这种钛金属的拍子为什么贵呢？”电话手表接着说，“以钛金属为原料的产品，在切割过程中对制作设备的磨损非常严重，焊接点容易脱落，还会造成对原材料的损耗。这些都在无形中增加了成本。”

“电话手表，听你这么说我觉得我的思路打开了。3D 打印技术是不是还能实现一些更加精密的制作效果，比如有些产品内部原件按照以往的技术水平只能让它是实心的，但是 3D 打印可以让它镂空，成为蜂窝的样子，这样节省了材料，减轻了重量，强度还不受影响。”

“还有，3D 打印还能缩短生产时间，而且送货也方便了，只要通过网络发送，然后在离顾客最近的地方就可以打印出来了。”阿诺兴奋地补充。

“两个人都很棒！还能够联系实际进行发散思维并补充。”电话手表好好地表扬了一下两人，“你们还可以想想 3D 技术的应用。”

“我又想到了！原来对金属进行加工的时候要不断加热、冷却，这个过程会消耗很多能源，3D 打印就不需要。”阿诺继续补充道。

“刚才说到精密，是不是人体的一些器官也能通过 3D 打印来获得呢？这个可要绝对的精密。”小墨子若有所思。

“这个，可能吗？比如说牙齿我觉得还能理解，做一个牙齿的样子

就行了，反正就是安在那里。”阿诺提出了自己的想法。

“这是完全可能的。英国科学家已经用包含干细胞在内的一些原料制成了生物墨水，用普通3D打印机在不足10分钟的时间内就可以打印出眼角膜，而且生物墨水中的干细胞还可以继续发育。虽然距离真正移植还需要一些时间，但是至少证明3D打印技术应用到人体器官移植并让这种器官发挥作用是可行的。”电话手表平静地说。

“这个太令人期待了！前天我刚用零花钱捐助了一个角膜移植的公益项目，现在由于可用于移植的角膜太少，很多人都在漫长的等待中。”阿诺说。

“还有这个项目！回头跟我说说，我也要加入。”

“不仅有角膜，像肾脏、心脏等重要器官的3D打印技术也在研究中，不过现在科学家还在解决制造只有一个细胞厚的毛细血管的问题，因为这个是其他器官打印后能够移植并应用的关键。”电话手表继续说。

“哇，3D打印技术太有用了！谢谢你，电话手表。另外，我还要打电话好好谢谢我的姥姥姥爷。”小墨子由衷地说。

“小墨子咱们别再照着图样打印东西了，咱们现在也想想可以用3D打印笔创造个什么东西吧！”阿诺兴奋地说。

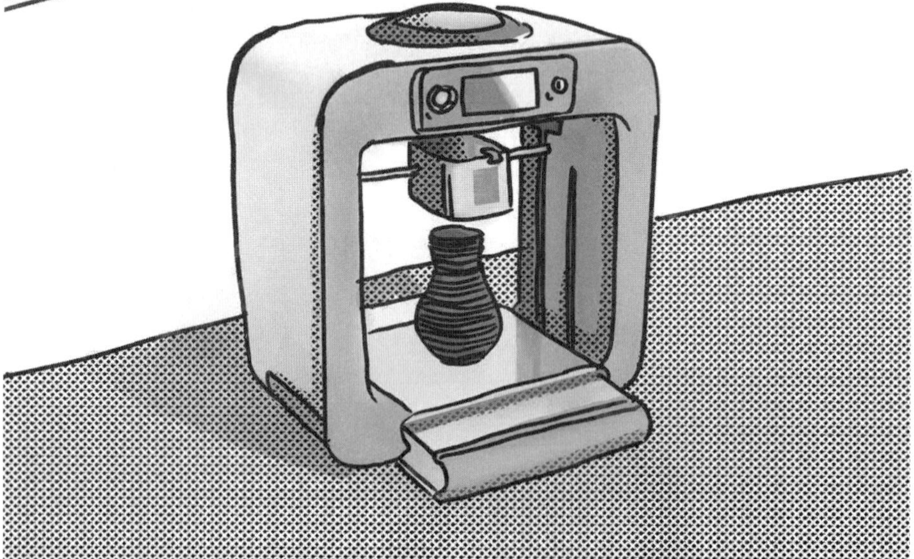

7. 价格差别在哪儿?

明天要出游了，虽然上学时间和往常一样，虽然每次出游结束老师会布置一篇随笔，但是小墨子还是非常兴奋。晚饭过后，一家人的遛弯儿活动还增加了为明天出游采购食物的环节。

来到家附近的一个面包连锁店，小墨子选了四个自己想吃的面包，一结账居然要五十多块钱。出了店门，小墨子说:“一个面包要十多块钱，真贵啊！我前两天在学校附近的小铺看到差不多样子的面包，价格也不过几块钱，这个面包真的太贵了！早知道去小铺那儿买了。”

爸爸在一旁笑呵呵地说:“看来，在小墨子的心里已经有了钱的概念。不过，这吃的东西可不能马虎。”

“不马虎啊爸爸，小铺里面的面包也都是正规产品。”小墨子一脸认真地补充道。

“它们的区别有很多，主要是在成分上。走，咱们回到刚才的面包店再看看。”说完爸爸就领着小墨子往回走。

“哎，跟着你们爷俩连去面包店都要去两趟。”妈妈说着也跟了上来。

一进面包店，“欢迎光临！”的声音马上响起，正好此时人不多，一个店长模样的人看见小墨子一家拎着面包店的袋子再次走进来，赶忙问:“请问有什么需要帮助的吗？”

“没事儿，阿姨，我们就是来看看为什么这个面包这么贵。”小墨子说。听完这话，阿姨的脸部表情有些僵硬，爸爸赶紧解释了一下。阿姨听完爸爸的话，笑着说：“小朋友，你爸爸说得对，你来看看我们这些面包的配料。简单地说，我们这里用的是天然奶油，也就是从牛奶中提取的油脂，但是比较便宜的面包用的是人造奶油。”

小墨子凑过去一看，还真是！配料里明明白白地写着“天然奶油”。“这个差别很大吗？”小墨子不禁问道。

“当然了，小朋友，从健康的角度讲，人造奶油所含的反式脂肪已经被证实有诱发多种疾病的风险，世界卫生组织宣布 2023 年将在全球范围停用人工反式脂肪。天然奶油更加健康，做出面包的口味和口感也都是人造奶油比不了的，只是价格贵一些。”

“阿姨您知道的真多！”

“谢谢小朋友夸奖，这是我们工作职责内的知识呀。”阿姨被小墨子说得有些不好意思了，“小朋友你说的价格问题，其实还有很多因素，除了原料成本，还有门店的运营成本，再有我们的面包都是手工揉制的，这些都是和你说的小铺里卖的面包的差别。”

“谢谢阿姨！今天我这四个面包买得值了，以后还在您这儿买。”

一家人和面包店阿姨告别后，走出店门，晚风吹拂在每个人的脸上，是那么令人舒爽。“怎么样，小墨子，一个人在自己的专业领域内钻研是不是也是值得人敬佩的？”

“是的，爸爸。”

“对了，小墨子。”爸爸补充道，“我最近刚看了一篇报道，说目前我国的农业科学院已经和英国一所大学合作研究出了不含反式脂肪的人造奶油，等这个研究成果实际应用到生产生活中，还是非常值得期待的。”

7. 价格差别在哪儿？

8. 天籁之音

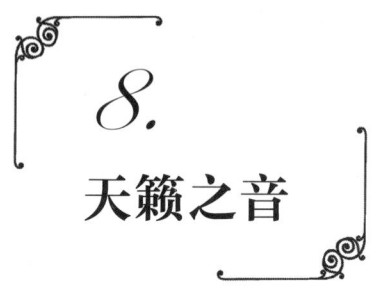

“小墨子妈妈，再过些天我们就要去录音了，小墨子这次有一段领唱，这些天一定要让他保护好嗓子，不要大嚷大叫。另外，饮食上也请关注一下，不要吃太多刺激性的食物，谢谢啦！”棒球训练结束后一接到小墨子，妈妈就拿出手机给他听了一段语音。

“合唱团老师特意给我发过来的，你来回复老师吧。”

“好的老师，我记住了，您放心。”小墨子发完语音把手机还给了妈妈，“妈妈咱们今晚吃什么？按着老师的要求和以往的经验，我觉得今天一定有冬瓜汤。”

听完小墨子说的话，妈妈一下子笑了：“哈哈，我们小墨子真聪明。对了，这些天棒球训练要不要先暂停一下？免得你练得激动就大声喊起来。”

“您放心，首先我觉得唱歌和棒球不冲突，可以兼顾；其次我们未来一周没有什么对抗性训练，都是以基本功为主，我没有什么激动的机会。我自己也会注意的。”

一周后，一家人晚饭后在餐桌旁聚在一起听小墨子合唱团的录音。听完，爸爸妈妈都鼓起掌来。

“这还是手机的播放效果，如果用更好的播放器，效果肯定更棒！”妈妈说。

“真是太棒了！有天籁之音的感觉，颇有你爸爸我当年的风采。”

“哈哈，爸爸，您这是在表扬自己吗？不过这是你们平时听到的我的声音吗？怎么和我平时听到的自己的声音不一样呢？”

“其实，每个人平时听自己说话的声音和录音后播放出来的声音都是不一样的，这应该是源于不同的传导方式。”妈妈说。

“嗯，是的，主要是骨导和气导的不同。”爸爸补充道。

“‘鼓捣’？怎么个‘鼓捣’法？”小墨子一听这个词，立刻笑了。

“此‘骨导’非彼‘鼓捣’，这个‘骨导’说的是声音通过头骨以及颌骨作为介质传导的。而声音如果是通过空气传导的就是‘气导’。”看着小墨子略带疑惑的表情，爸爸接着说，“再具体点儿说，我们听到声音的过程，实际上先是声音引起鼓膜振动，然后这些振动的信号通过听小骨以及其他组织传给听觉神经，最后再由听觉神经将信号传给大脑。如果是通过空气传播，在这个过程中肯定会受到环境因素的影响，音色自然就改变了。我们听自己说话的声音是骨导和气导二者的混合。但是我们从播放录音中所听到的自己的声音就是通过空气传导的，相当于别人听到的你的声音。”

“也就是说，耳朵对不同的传导方式传播的声音会有不同的感觉，对吗？”

“对呀，我们听自己说话，一部分声音由空气传导给听小骨，另一部分则是咽喉发音传到颅骨，直接振动到内耳了。”

“不过，一般人因为不习惯，都会觉得自己单独通过空气传导的声音很难听。”

“不会啊，我觉得自己的唱歌录音也如天籁一般！”小墨子说完向爸爸挤了挤眼睛。

爸爸会意地向他竖了竖大拇指，说：“嗯，确实得到真传了。”

9. 另一种沉淀——石化木

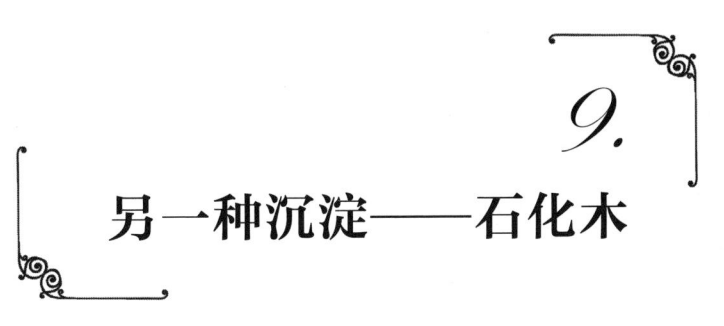

这天学校出游去动物园，同学们都兴高采烈，因为上学以来大家来动物园的机会比以前少了很多。小墨子虽然经常跟爸爸妈妈一起来，但和同学们一起来的感受还是很不一样的。

对于不常来的同学来说，最突出的感受就是动物的居住环境和游客的参观环境更好了。比如班里的小机灵，远远地就看到大猩猩在明显高于围栏的小山上玩耍、休憩，急忙惊呼："它们要是跑出来可怎么办？"等到走近才发现，原来围栏的下面是一圈深深的壕沟，里面长满野花野草，在阻挡大猩猩跑出来的同时，还营造了更接近自然的环境。

不知不觉就到中午了，老师把大家带到一个叫"百木园"的地方，让同学们在草地上铺开餐布，准备吃午饭。

"阿诺，咱们快吃，这里不但有各种植物，还有好多石化木呢，我带你去看看。"小墨子说。

"石化木？是木头变成了化石吗？"

"嗯，科学家可以借助它去了解几百万年前地球的环境和气候呢！"

"咱们现在就去看看吧，我已经迫不及待了。"

"好呀，跟我来。"

在小墨子的带领下，阿诺远远地就看见三个高矮不等的光树墩，旁边还横躺着两根更长更粗的树干，下面用水泥墩架着。这些就是石化木了。走到近前，阿诺看到这些石化木除了样子像树干，也有年轮，其他完全就是石头的样子。它们摸起来硬硬的，颜色红橙相间，间或还有宝石一样晶莹的感觉。

“太神奇了！我现在触摸的是几百万年以前的东西！”

“可不是吗，而且它们的形成要具备一定的条件，否则就会像绝大多数的树木一样，已经腐烂、分解，或者被烧毁了。”

“真是来之不易，我再摸摸。”阿诺一边说，一边又轻轻地抚摸起石化木，“对了，你说要具备一些条件才能形成，都有什么条件？”

“首先要被迅速掩埋，这样能让它存在于一种没有氧气的环境中，还要有富含矿物质的水渗透进来。”

“小墨子，你这一说倒让我想起来，这是不是和琥珀的形成有一些相似的地方？”

“嗯，说的对，阿诺！它们都是在一定的条件下才能形成，并要有相当长时间的积淀。当这些水逐渐渗透到已经流失水分的木纤维细胞中，再等到水分蒸发了，里面的矿物质就会留下来。”

“不同的矿物质还能让石化木呈现不同的色彩，对吗？”

“没错！含有铁的矿物质就会使石化木呈现红色、黄色，含有锰和铜的矿物质则会使石化木呈示蓝色和绿色。”

“哇，这要多长时间、多少微小的矿物质才能沉淀成现在这个样子啊！”

“是啊，所以我觉得，如果时间没法触摸的话，像这样需要很长时间沉淀才能形成的东西，也是我们感受时间的一种方法。”

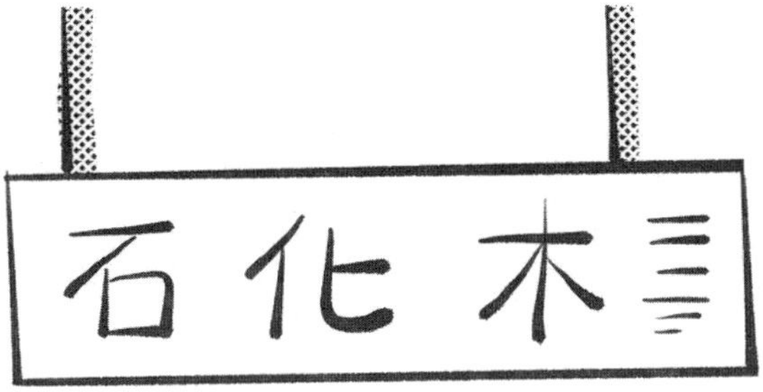
石化木

10. 安全带、安全气囊——不图虚名

今天，小墨子的学校又安排了一次安全教育活动。之前的每一次都会请消防或者公安方面的专家举办讲座，这些叔叔阿姨虽然不是专业的老师，但是给学生讲座的经验却非常丰富。讲座中不仅有实物、图片、录像，而且会配合一些生动的案例，因此大家每次都听得非常有兴趣，不知不觉就了解了很多安全知识。

这次举办讲座的警察叔叔也非常有趣，他最开始并没进行自我介绍，而是先做了一个无实物表演。这个开场真新颖，一下子就吸引了大家的注意力。

只见这位叔叔上台后，先给大家敬了一个标准的礼，然后在一个事先准备好的椅子旁边做了一个拉门的动作，之后便像上小轿车一样迈上去，同时坐在了椅子上。坐上椅子之后他没急着把方向盘，而是用一个特别夸张的动作假装拉出了左肩上的安全带，而且可能是为了加深大家的印象，叔叔并没有顺顺利利地一次就扣上，而是让安全带脱手一次，又假装安全带扣没扣好自己弹开一次，当然最后安全带还是被扣好了。

这还没完，叔叔做完停车、解安全带、下车的动作之后，还分别邀请了两位同学上台。第一位同学在叔叔冲着椅子做了一个邀请动作后，略显茫然。台下的同学急了："开车，开车！""系安全带！""别忘了安全带！"第二位同学呢，像个被安排好的专业演员似的，不但前边一系列动作如行云流水，自己还进行了再创作，加上了开快车、安全气囊弹开、晕倒等一连串动作。警察叔叔笑了，台下的同学更是笑得前仰后合，小墨子和阿诺更是使劲儿鼓掌，不用问，这第二位表演的同学就是小机灵。

叔叔给小机灵和第一位表演的同学都发了一个小纪念品，并请他们回到原位。这位叔叔终于说话了："感谢刚才的两位同学。同学们，从我们刚才的表演中大家记住什么了？"

"要系好安全带！"同学们的回答整齐而有力。

"对！大家在坐车的时候一定要先系好安全带。而且我还要特别感谢第二位表演的同学，他的表演展示了我想说的第二个重点内容，就是系上安全带才能让安全气囊更好地发挥它的作用，否则安全气囊不仅不会保护我们，反而还会成为一种安全隐患。"

午休的时候，同学们有的在学小机灵的表演，有的则在班里自发地进行了一个小小的知识竞赛。

"请问为什么系上安全带后安全气囊才会发挥作用？"主考官小墨子提问道。

阿诺是第一个举手的："安全气囊完全展开才能保护到乘车人，如果乘车人没系安全带，就会因前倾或者飞起接触到还在膨胀状态、内部压力不平衡的气囊，这样气囊不但不会发挥好的作用，反而会给乘客造成另一种伤害。"

"好，阿诺得分，奖励新疆奶葡萄一颗！"为了这个竞赛，小墨子把自己带的水果都贡献了出来。

“我想补充。”小机灵为那边同学的模仿秀指导完动作又凑到这边来，“安全带的位置能更好地控制乘车人的肩部和髋部，从而减少急刹车后身体因惯性的移动；安全气囊则主要保护头部，当然还有颈部、肩部和胸部。”

“好！小机灵补充正确！再加上上午表演传神，奖励新疆奶葡萄两颗。”小墨子给了小机灵两颗绿翡翠一样的葡萄，“那我也补充一下，安全气囊打开的时候压力很大，而且展开速度能达到每小时 200 千米，因此如果不系上安全带，安全气囊一旦弹出对人体的伤害是非常大的。好了，也奖励小墨子新疆奶葡萄两颗。”说着，小墨子自己也吃了两颗葡萄。

大家一见他这个样子，也都笑了。

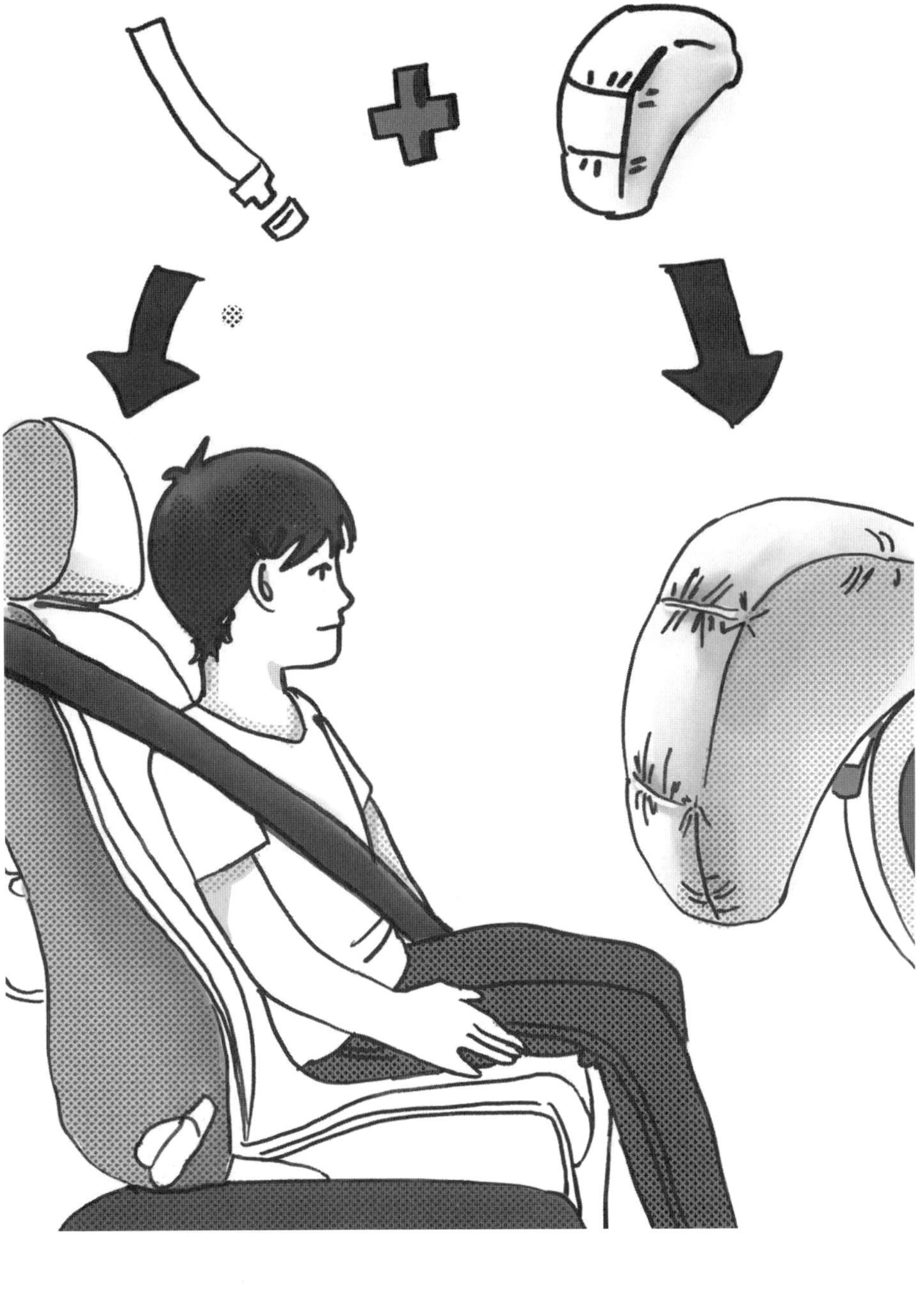

11.

呀！口香糖咽下去了！

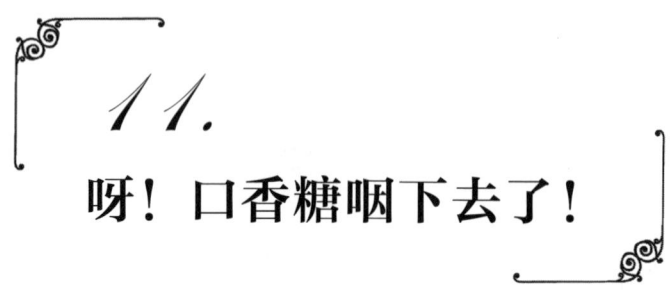

“小墨子，你过来一下。”早上一到学校，班里还没来几个人，老师就有些神秘地把小墨子叫到办公室。

“小墨子，有件事情要找你帮忙。最近班里特别流行吃口香糖，有些同学甚至上课还要嚼。我还听有些同学说，嚼口香糖主要是为了帅，这是怎么个帅法我不理解。不过你们现在都长大了，我不想用严令禁止的方法去要求大家，你帮老师想个办法吧。”

小墨子点点头，然后思考了一会儿，说：“老师，我觉得班里的同学都是很讲道理的，而且对科学知识都很感兴趣。我前两天刚看了一本讲生活中的科学原理的书，里面也讲到了关于口香糖的问题。要不，我就从这个角度先和同学们沟通一下吧？”

“好办法！那就这样，今天晨检你就给大家讲讲这个健康知识吧。”老师对小墨子的建议很满意。

……

“好的，我们今天的晨检就到这里，同学们还要注意剪指甲，明天就要上游泳课了，指甲太长容易划伤他人。”作为晨检委员的阿诺总结道，“下面，我们请小墨子给大家介绍健康知识。”

“各位同学大家好！我前两天吃口香糖，妈妈说，不能总吃口香糖，要是不小心咽下去，口香糖会粘在胃里。我不禁对此产生了深深的怀疑。”听小墨子这么说，同学们都笑了，还有同学说：“不可能，肯定你妈不让你吃口香糖骗你呢！”

“我也这么想，但是我要找到依据，于是我就去图书馆寻求答案……”小墨子说到这儿，顿了顿，等他看到大家都静下来看着他，便继续说道，“结果确实能证明我妈妈的说法不对。”听完小墨子这么说，大家又笑了，有的同学还对视着，别有深意地点头。

“但是，口香糖如果进到肚子里还是会有影响的……”

大家一听这个“但是”，瞬间又安静了。

“口香糖主要的成分是胶基，它的影响是会胀肚，然后它会和便便一起排出。”听到“胀肚”一词，很多同学马上进行了进一步的联想，笑得更欢了。

“大家别激动，其实嚼口香糖最大的影响是对牙齿的影响。龋齿菌在蔗糖的作用下会产生酸性物质，这种物质不但容易腐蚀牙齿，而且容易让牙齿脱钙，最后的结果就是牙齿烂掉。”同学听了这番话都愣了半晌，纷纷把刚才乐得还没来得及合上的嘴合上了。

小墨子继续补充说：“而且每次嚼口香糖不应该超过 15 分钟，嚼口香糖会让胃大量分泌胃酸，空腹时容易恶心、泛酸水，最后容易导致胃炎或者胃溃疡。好了，今天我的健康知识就先讲到这里。”

“听了小墨子的介绍，哪位同学想和他交流一下，或者表达一下自己的见解吗？”阿诺这个晨检委员非常尽责。

“老师！我要承认错误，前段时间我确实经常偷偷在学校吃口香糖，以后不了。”小机灵说。

老师点点头，说：“爱己才能爱人，以后大家为了自己的牙齿和胃，要少吃口香糖，在学校可不能再吃啦。”

口香糖
VS.
牙齿

12. 我也想站着睡

小墨子对动物园很熟悉。从幼儿园的时候开始，放学接他的无论是爸爸还是妈妈，只要有时间就会带他到这里来。隔段时间没来，他的心里还会有点儿想念那里的动物朋友们。

上学后，虽然放学后来的机会少了，但是小墨子一家还是经常会挤出周末的时间来这里转转的。

这个周六，小墨子的棒球训练结束了，赶在停止进园之前，三人又来到了动物园。此时的动物园显现出了一份难得的宁静，动物的叫声显得分外清楚，而此时还停留在动物园里的人们都像约定好了似的，轻声细语的，仿佛自己是在动物们的家里拜访，生怕打扰了它们。

小墨子一家在动物园里轻车熟路地转着，从貘馆来到了鸟禽区，天鹅还在水中优雅地游着，鸭子妈妈带着孩子们准备上岸了，笼中的鹦鹉还显得有些喧闹，隔过去几个笼子里面的两只小鸟已经站在杆子上闭着眼像是睡了。

“爸爸，它们是睡了吗？它们睡熟了不会从杆子上掉下来吗？”小墨子小声问。

爸爸看着那两只小鸟，点点头，也小声说：“应该是睡了。不过你放心，它们是不会掉下来的。”小墨子还想继续问，爸爸示意他先离开这里。

离开了这个笼子，爸爸指着另一个笼中还活动的鸟说：“你看，这和鸟类脚趾的构造有关。鸟类一般有四个脚趾，三个在前，一个在后。当鸟类落到杆子或者树枝上的时候，它的体重都会集中在双腿和脚的这部分，肌肉放松了，但里面的两条屈肌会立刻出于本能地收紧。”

看着小墨子还有些迷惑的表情，妈妈接着说：“这就好像我们攥拳头要用力，而鸟类正好相反，它们在放松的状态下爪子会抓紧，因此它们在枝头睡觉时虽然完全是放松的，但爪子依然会抓得紧紧的。当小鸟飞离枝头时，它要收紧肌肉，这时抓着树枝的爪子才会松开。”

看着小墨子点了点头，爸爸接着说：“除此之外，这小鸟个头虽小，但是它们的大脑还是比较发达的，小脑的蚓部就更发达了，不仅利于飞行，而且能够帮助身体保持平衡。”

“我要是也有这个站着睡的本事就好了！上次假期咱们去泰山排队坐缆车，把我累得腰酸腿疼，我要是有了这个本事，站着就是休息，那该多好！”小墨子期待地说。

“那当然最好了，自然界中很多动物和植物的本领如果我们人类都能学来，那就太厉害啦！”妈妈笑着说。

zzz

13. 嗑嗑也健康

每个周五的晚上，小墨子都觉得很放松。你看，吃完晚饭，一家人也没急着收拾桌子，而是继续围在一起聊天，你说说你的工作，我说说我的学习。他们把这个时段命名为“家庭会议时间”。

此时大家刚好在交流自己在这一周里背单词的事。是的，你没听错，可不是只有小墨子哦，这可是全家动员的事。其实一开始的确只有小墨子自己背单词，但是爸爸那天偶然测试发现自己的词汇量下降了许多，于是父子二人就每天一起背了起来。这股劲儿也带动了妈妈，于是就变成一家三口共同的学习内容了。

爸爸说：“今天是我坚持背单词的第六十天，而且我又进行了一次测试，单词量稳步恢复。”

“真棒！”小墨子和妈妈异口同声地说。

“那我要对你进行额外奖励！”说完妈妈起身向厨房走去了，父子俩好奇地向厨房张望，一会儿妈妈拿着一个纸包出来了。

“瓜子！好久没吃了。”爸爸的声音透着高兴。

放下瓜子之前，妈妈对爸爸说：“不能多吃，别用牙嗑。”

“妈妈，嗑瓜子，不用牙嗑，用什么嗑呀？”

“小墨子，你不知道，妈妈这是为了我好。你看。”说完爸爸向小

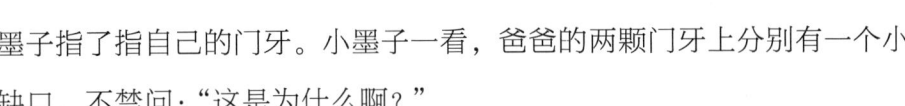

墨子指了指自己的门牙。小墨子一看，爸爸的两颗门牙上分别有一个小缺口，不禁问：“这是为什么啊？”

“这个俗称‘瓜子牙’。在爸爸小的时候，瓜子算是比较便宜的零食，爸爸那会儿特别能嗑瓜子，一会儿眼前就能堆起一座小山似的瓜子皮，结果牙齿就变成这样了。”

“所以呀，我就控制你爸爸，让他少嗑瓜子。”妈妈说。

“那就别让爸爸吃瓜子了吧。”

“但是小墨子，瓜子还是应该吃的，因为它含有丰富的维生素和蛋白质，而且瓜子的香味刺激味蕾，让味蕾处于兴奋状态，还可以通过这一点增强人体的消化功能。所以，你看小小瓜子作用多大！”妈妈解释说。

“那我也尝尝。”

“小墨子，别用牙。看，爸爸现在都是用手剥的，这样就不会损坏牙齿了。来，爸爸刚好剥出了几个瓜子仁，接住。”

“谢谢爸爸！妈妈，您能不能买些瓜子仁，这多省事。”

“可以给你买点儿，但是自己剥对爸爸来说是乐趣啊！”爸爸一边用手剥着瓜子，一边乐呵呵地说。

14. 闻着臭，吃着香

小墨子一家在超市买东西，小墨子看了看购物车，不禁说：“爸爸妈妈，咱们每次买的水果总是那几种，能不能有个突破啊？”

“突破？近期突破不了，现在这个季节主要就是这些应季水果。”妈妈把这个提议否决了。

爸爸听完，微微一笑：“想突破？没问题！走，咱们这就突破！”

小墨子一听要突破，兴奋地推着购物车转向水果区。到了水果区小墨子却犯难了，到底哪个是突破口呢？入眼的还是那些常吃的，不常吃的和没吃过的好像根本激发不起小墨子尝试的欲望。不过爸爸却胸有成竹地径直走到亚热带水果区，拿了一个身上长满刺的大榴莲。小墨子一下子捂住了鼻子：“爸爸，您突破的步子迈得太大了，我实在难以接受！”

没想到妈妈却十分赞同：“好！咱们就买榴莲吧，然后再去买一瓶臭豆腐，买一袋窝头。回家我给你们做炸窝头片蘸臭豆腐。”

“极好！就这么定了！”爸爸听了这个建议，一个劲儿地点头。

“看来你们今天要开一个臭臭宴了。那你们回家，我在楼下小公园锻炼一下再回去，你们吃完再叫我回家！对了，别忘记开窗通风。”

“儿子，这你就不知道了吧！这两样东西是典型的‘闻着臭吃着香'！我和你妈妈都特别爱吃，只不过我们怕你接受不了，就从来不买回家，在外面有机会才会过一下瘾。"爸爸笑着说。

"哦，原来是这么回事儿，难怪有一次您和妈妈身上都隐隐有一种臭臭的味道，我当时没好意思问。原来你们去吃你们爱吃的好吃的去了！"小墨子一副恍然大悟的样子。

"今天加上你，突破一下。"爸爸说完，拍了拍小墨子的肩膀。

"嗨，好吧！谁让是我提出的要突破一下呢！"

回到家后，妈妈开始准备晚餐了。除了炒菜和蒸米饭，她还特意煎了一小碟窝头片，另外夹出两块臭豆腐，还在上面淋了些香油。她让小墨子把这两样端上餐桌的时候，还特别说明："这个体现了哲学'对立统一'的思想，香油和臭豆腐的搭配在香与臭之间达到一种平衡。"小墨子端菜上桌的时候不得不说："爸爸，'对立统一'来了。"

爸爸负责拆解榴莲，他一边拆一边说："嗯，这个榴莲选得真不错，果肉非常饱满。"

小墨子补充："对，我看不但肉质饱满，而且闻着臭味纯正。"

"此言差矣……你仔细闻一闻，在榴莲果肉和果皮中有酯类化合物，它让榴莲闻起来有多种水果混合的香味。"爸爸说着，还细细嗅了嗅。

"是吗？"小墨子说着弯下身，凑过来仔细闻了闻，"嗯，不知道是不是被您一说，有了心理暗示，好像确实有点儿香了。"

"那索性给你一小块儿尝尝吧，来，就现在突破一下。"

"好！"小墨子接过这块榴莲放到嘴里时，还颇有些风萧萧兮的感觉，但入口后，瞬间一口甜糯，齿颊间竟然是一种香香的味道。

爸爸期待而欣慰地看着小墨子表情的变化，说："怎么样？是不是想再来一块儿？"

“嗯，我一定要再细品品，为什么它闻着臭却吃着香。”

“因为闻是一回事，吃是一回事。闻，就是味道从鼻腔到达鼻根的嗅觉细胞，也可以说这就是鼻前嗅觉。而吃呢，食物会在口腔里让人的感官体验更丰富。食物在口腔里会有温度的变化，而且在咀嚼过程中还会有一些酶参与化学反应。因此，这种鼻后嗅觉就和鼻前嗅觉有很大的不同，这就是吃和闻感受不同的原因。”

“来吧爸爸，让我继续跟进，再尝尝窝头片蘸臭豆腐。”

“好啊！说到这儿，咱们得说说，榴莲和臭豆腐的臭不太一样。榴莲的味道主要来自硫化物的挥发物，它们要在榴莲成熟时才能被激活，所以选榴莲一定要选味道足的，才熟得刚刚好。这就是选择榴莲的诀窍之一，爸爸这就算传授给你了。”

“好的，希望下次您给我一个实践的机会。”小墨子拿起一片炸窝头片，蘸了一点儿臭豆腐，在嘴里仔细嚼，闭着眼用心品。

忽然他一睁眼，说：“爸爸，臭豆腐的臭是不是和它在制作过程中要发酵有关，因为豆子本身是没有臭味的，这个臭肯定就和发酵有关。不过产生了什么物质这些复杂的名词我就不知道了。”

“豆腐里的蛋白质在发酵过程中，通过微生物的作用最终形成的硫化氢和氨，就是臭豆腐臭味的来源。”爸爸满意地看着小墨子。

“你们俩研究得真认真，要不下次咱们再加上螺蛳粉吧。”妈妈笑呵呵地说。

“啊，那我先去把家里的香薰拿出来吧！”小墨子打趣道。

15. 树要皮

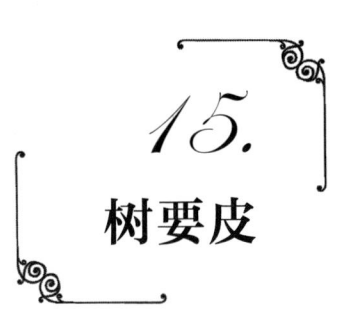

从家到附近公园的路边有一排大树，秋天的时候，这种树的树皮就会掉下来。小墨子对它们特别感兴趣，回家的路上他总会一棵棵地去观察，看到有的树皮翘起，还迫不及待地上手帮大树一把，把树皮揭下来。每次揭下来的干皮呈灰褐色或者是灰白色，形状就像不规则的拼图块一样。这样的树皮小墨子攒不少了，他想着攒够一定数量就把它们拼成一幅画。

今天收获又不少，小墨子捏着一叠树皮，继续寻找。发现一个新目标！小墨子一边动手一边问道："爸爸，不是都说'人要脸树要皮'吗？这种树怎么不要皮了？"

"对呀，树皮对于树来说确实特别重要。不过你现在手里拿的，是这种树为了适应生长需要自行脱落的，就像蛇需要蜕皮一样。树要不断长大变粗，但是树皮却没有长，像这样老皮自然脱落，新皮已经长出来替代老皮，就可以继续起到保护作用了。"说到这儿，爸爸指着小墨子拿下那块老皮的地方接着说，"你看，新树皮是不是已经在了？"

小墨子仔细观察，可不是嘛，这棵树除了还有几块翘起的老皮，其他地方已经都被光溜溜的新皮包裹上了。小墨子一边轻轻地摸，一边赞叹道："太神奇了，新皮长得这么严丝合缝，等变成老皮剥落的时候又能分成这种不规则的块。”

“是啊，大自然就是这么神奇！”

“爸爸，您再给我讲一讲，树皮具体是怎么保护树木的啊？”小墨子接着问。

“你看。”爸爸蹲在树旁，从树根部指向树干说道：“整个树茎是由表皮、周皮、出生韧皮部、次生韧皮部、形成层、次生木质层、初生木质部和髓这些部分构成的。树干的表皮里有一层韧皮部分，在这个部分上排列着很多筛管，树叶通过光合作用产生的养料就是通过筛管输送到树根的。另外树根吸收到的水分和无机物也是从这里传输的。如果破坏了树皮，也就破坏了传输养料的管道，自然会影响到树木的正常生长，树也就枯死了。”

小墨子看着手中的树皮片说：“看来我拿的是大树的功臣！我一定要把这幅老树皮画贴出来，让它们的生命得到另一种延续。”

“真棒！小墨子等你拼好这幅画，我们就去给它镶一个画框，然后再把它挂起来。”

15. 树要皮

16.
讲究的队形

一阵鸽哨声划过天空，小墨子抬头望去，一群鸽子从头顶飞过。一会儿它们又都盘旋回来，然后再飞走，又盘旋回来……

“这鸽群和蓝天真是绝配，静中有动，实在是看不够啊。”小墨子想着，不禁看入了神，脚都挪不动了，就这么仰头看。

阿诺背着书包从后面赶了上来，看着小墨子的样子，连忙跑了几步到小墨子身边关切地问：“小墨子，你流鼻血了？给你，我这儿有纸巾，赶快擦擦吧。”

小墨子一听这话，扑哧一声乐了，他转头看着阿诺说：“没事儿，我没事儿。我正仰头看鸽群呢。你也看看，再配上鸽哨声真是太美了！”听完这话阿诺也笑了，她也仰起头欣赏了起来。

这时小墨子指着远处的天边说：“阿诺你看这边，飞成人字形的大雁。”阿诺顺着小墨子的手指望去，一群大雁正呈着人字形缓缓地飞来。

“这些大雁真辛苦，我感觉它们都有些累了，翅膀扇动得都有些缓慢，不过好在已经到了。”小墨子说完，接着问阿诺：“阿诺，你知道吗？这就是‘迁徙’，北极燕鸥往返于南北极之间，迁徙的距离有18000千米呢。”

“这么长的距离！上次妈妈带我去旧金山，飞了 10 多个小时，那个距离才在 10000 千米左右。”阿诺不禁赞叹道。

“不过，鸟类的迁徙距离也不一定都这么长，有一种叫克氏星鸦的鸟，它的迁徙只是从高山上到山谷中，直线距离只有几千米。”

“都是鸟类，但差别可真大啊！”阿诺感慨道。

两人正聊着，雁群飞过来了，小墨子和阿诺不禁向天上的雁群挥起了手，欢送这些去远方过冬的朋友。

看着雁群飞远，小墨子说：“阿诺，咱们还是快回家吧。”

“好的小墨子，但是，你说大雁为什么要飞成人字形，或者说是 V 字形呢？”

“这个吗……”小墨子挠了挠头，“我还真不知道。”

“那就让我来告诉你们吧！”还没等问，电话手表自己就说话了，“其实不光是大雁，像天鹅、鹤还有野鸭也喜欢排成这种队形，因为排成 V 字形它们可以更好地发挥团队优势。一只鸟扇动翅膀产生的气流能让飞在后面的鸟有效利用起来，从而减少能量消耗。因为视角的缘故，我们从地面看感觉它们的队形是一个平面，其实不然，实际上排在后面的鸟要比前面的鸟飞得稍高。这样，它们不但能发现掉队的同伴，还能及时观察到要来攻击的敌害。”

可能感受到了阿诺的疑问，电话手表停了下来，说：“阿诺，你有什么问题吗？”

阿诺不好意思地笑了：“谢谢，如果这样的话，那第一只大雁不是会很累？”

“是的。头雁受到的空气阻力最大，体力消耗也最大。因此它们会不断更替，让头雁到队尾去休息一下。还有，头雁通常是母雁。”

听电话手表说完，小墨子又问:“电话手表，我记得我曾经看见队形排成对勾形状的雁群，这是怎么回事儿？”

“这个形状通常是大雁根据风向排出的，如果是刮侧风就会有这样的队形。”

听到这儿，小墨子和阿诺异口同声地赞叹道:“真是讲究的队形！”

16.
讲究的队形

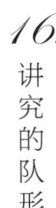

17. 解落三秋叶

秋风飘起，树叶飘落，这个城市最美的季节到来了，每天都能沉醉在透彻清亮的蓝天中。

小墨子呢，这些天特别爱仰头，妈妈问他干吗呢，他说："我在放松颈椎以及保护眼睛。"这个回答弄得妈妈忍俊不禁，然后也仰起头说："好吧，我们一起来。"

一阵风刮过，片片树叶飘落下来，小墨子一指说："妈妈您快看这阵树叶雨。"妈妈顺着他的手指望去，一片片小小的树叶在风中旋转、翻滚，最后静静地落在地上。

小墨子忽然有些感伤了："妈妈，这些叶子要是不掉就好了。"

"这是一种自然规律，你看叶子已经实现它们的价值了。它们在春天带来生机，在夏天带来阴凉，在秋天带来灵动，在冬天它们还有大用途呢。"

"这个我知道，叶子落在地上，自然腐烂后是最好的肥料。树木能吸收其中的养分，而且它们还能帮助改良土质，就是人们平常说的'让土地更肥了'。"

"对呀，而且落叶不仅能做肥料还能做饲料呢。你看像城市中常见的槐树的叶子，它们的蛋白质含量就特别丰富。如果在鸡饲料中掺入些干槐树叶子磨成的粉，不但能降低喂养成本，而且吃这种饲料的鸡产下的蛋味道也更好。”

“真不错！妈妈，我还想到了，落叶能让地变得软软的，不但踩着舒服，躺在上面也挺软和的。”

母子俩正聊着，一阵刷刷的扫地声吸引了他们的目光。一位环卫阿姨正在把落叶扫成一堆准备收起来呢。

“阿姨，别扫走落叶！”小墨子见了赶紧起身去制止。

阿姨见小墨子急得都跑过来了，笑眯眯地说：“放心吧，小朋友，不是要把这些落叶倒掉，而是要存在一块土地上积肥用。这是砖地，不扫走的话，叶子就会被行人踩烂了，如果遇到下雨，地面就会更脏，这个我可比你有经验。”

“好吧，那我跟您一起扫！”

18. 耳朵要爱护

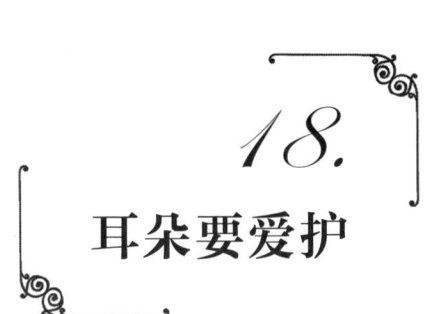

今天又是补充食物的日子，妈妈这次买了几包速冻饺子和速冻汤圆。

回到家里，小墨子一边帮妈妈把这些东西放进冰箱，一边说：“妈妈，我发现人们在庆祝节日的时候爱吃一些特别的东西。”

“是呀，这要是在过去，饺子是冬至的时候吃，汤圆是正月十五元宵节吃，现在是想什么时候吃就什么时候吃。”

“为什么要在冬至吃饺子呢？”

“老说法是冬至的时候要吃饺子，吃不上饺子耳朵就要被冻掉。”

“哈哈，耳朵确实怕冷，昨天在电动车上，我就觉得自己的耳朵都快被冻掉了。要不咱今天就煮几个饺子吧。”小墨子建议说。

“想吃饺子没问题，但解决耳朵被冻问题的根本还是要靠帽子，明天出门你戴上帽子吧。耳朵容易怕冷，你看它上面有很多末梢血管，这里的血液少，得到的热量自然也就比较少了。”

“好的，待会儿我就去把帽子准备出来。”

“嗯，真乖。说到耳朵，它们可是重要的器官，不但能让我们辨别声音，多一个感知外部世界的通道，还能帮助我们保持身体平衡。负责听力的器官是耳蜗，而保持平衡的两个器官一个是前庭，另一个是半规管。前庭负责了解头部位置倾斜度的变化及人在直线运动时速度的变化，如果这里出现问题就会有耳鸣、头晕、恶心等症状。半规管感受的是头部旋转变速运动，当这些感受传递到中枢以后，会引起一系列反射动作来维持身体的平衡。”

“小小的耳朵，作用真是太大了！”小墨子不禁感叹。

“所以，除了要保护耳朵不受冻，以后再听见比较大的声音，要及时捂住耳朵，张开嘴巴，让耳朵两边的压力平衡，保护好自己的听力系统。”妈妈补充说。

18. 耳朵要爱护

19. 保暖要有度

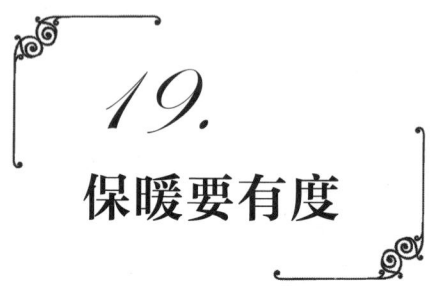

这座城市似乎从来都没有春天和秋天。脱了棉衣，没几天就热得穿不上外衣直接穿短袖了。夏天过了，好像没穿几天单衣，棉衣就上身了。至于那些骑电动车的人们，更是早早地就把像棉被似的东西挂在了车把上。

快来暖气前的几天似乎更冷，小墨子每天早上都要喝上一小碗热粥才能让身体尽快暖和起来。这天刚一出门，一股寒风就迎面刮了过来，小墨子赶紧把围巾往上拉，挡住了嘴和鼻子，只露了一双眼睛。

爸爸说：“快别这样，一方面容易呼吸不畅，另外也容易让附着在围巾上的细菌吸入嘴里。要是过敏体质的人吸入了你这羊毛围巾上的有机纤维，还可能会引发哮喘的。”

“好吧，爸爸，您等我一下，我回去拿个口罩戴上。”小墨子一边往下扯围巾，一边作势要回家。

“快回来，现在正是锻炼身体的好机会，不要轻易放过。”爸爸叫住了小墨子。

“这，这能锻炼什么？”

“你别看这小小的鼻子，它里面有非常丰富的血管网，这里的血液循环非常旺盛，因此你现在吸入的冷空气经过鼻腔到肺部时，一般已经

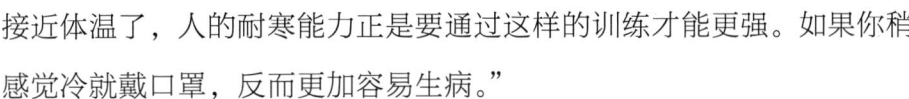

接近体温了，人的耐寒能力正是要通过这样的训练才能更强。如果你稍感觉冷就戴口罩，反而更加容易生病。”

“好的，我知道啦！那咱们出发吧！”小墨子做出了一副大义凛然的样子。爸爸不禁笑了，从口袋里拿出一支润唇膏递给小墨子说：“把这个带上，还记得去年这时候你嘴唇上干裂的那一圈红吗？今年可别再弄成那样了，嘴唇觉得干燥就抹上点儿润唇膏。”

“谢谢爸爸！您不说我都快忘了，那一圈真把我疼坏了。我当时是嘴唇一干就用舌头舔湿，结果反而让嘴唇更干了，甚至还裂小口。”

“舔嘴唇相当于给嘴唇涂上了一层糨糊，等水分蒸发后，就会让嘴唇更干。因此还是要涂好润唇膏阻止水分的蒸发，这才是更有效的防护措施。”爸爸耐心地解释说。

20. 天气是这样预报的

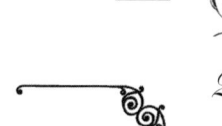

“哎呀，太冷啦，空调的暖风是不是可以打开了？我的冬衣也赶快拿出来吧！”爸爸的话裹挟着一阵冷风从外面飘了进来。

“快关门！太冷了！”妈妈和小墨子异口同声地喊。

“你们俩已经舒舒服服在家里暖和了半天，能不能有点儿同情心？对待家人能不能有春天般的温暖？”爸爸不满地抗议。

“哎，爸爸，我这就来给您送温暖了。”小墨子笑嘻嘻地过来，拿起遥控器冲着空调按下了开关。

“我也给你准备了温暖啊，而且是双重的！”妈妈的声音从厨房里飘了出来。

“什么双重温暖？”

“羽绒马甲已经拿出来了，就搭在沙发扶手上。另外今晚吃火锅，而且马上可以吃了。”

“哈哈，这么好。哎呀，幸福是什么？冷了有热风，有马甲，还有一锅热气腾腾的火锅！”

吃完晚饭，爸爸心满意足地擦着一脑门儿的汗，说：“你们都好好休息，待会儿我来打扫战场！”

小墨子看着爸爸说：“爸爸，您今天出门不是看天气预报了吗？怎么没多穿点儿？”

“咳，我今天出门着急了，带着‘天气预报也不一定那么准’的侥幸心理就赶紧走了。”

“爸爸，现在的天气预报准确率已经达到 70%~80%，在全球范围内已经有 10000 多个地面观测站和 1000 多个高空探测站，而且这里还不包括数量更多的自动气象站、气象雷达站、气象卫星，这些设施都在为提供更准确的天气预报贡献着力量。”小墨子一口气说出这些。

“哈哈，士别三日当刮目相看！”爸爸竖起了大拇指。

小墨子心中暗喜，这些天恰好在看关于天气的书，这会儿可是用上了：“我还要再跟您交流交流！”

“好啊！我愿洗耳恭听。”

“从世界范围来说，我们人类预报气象的历史，到现在已经有 160 多年了。而且，全球正逐步构建一个比较完备的气象通信系统，有世界性、区域性以及各国的气象中心，比如说，北京就是亚洲多个气象中心中的一个。”

爸爸赞许地点点头问：“那我们国家是什么情况？”

“我们国家从 20 世纪 70 年代起就已经开始研制气象卫星了，到目前为止已经有 10 多颗气象卫星了，这为准确进行天气预报提供了非常重要的保障。”

“在这个过程中，一定还有计算机系统在发挥作用吧？”妈妈说。

“嗯，是的！各种观测站、气象站等对气象信息进行收集后，先进的超级计算机会对有关数据进行分析，然后再得出预报信息。媒体接到这些信息就可以进行发布了！”

“小墨子真不错！开卷有益，学以致用。”妈妈夸奖道。

“谢谢妈妈！哎呀，时间差不多了，咱们一起来看天气预报吧！”

“好嘞，这个很必要！”

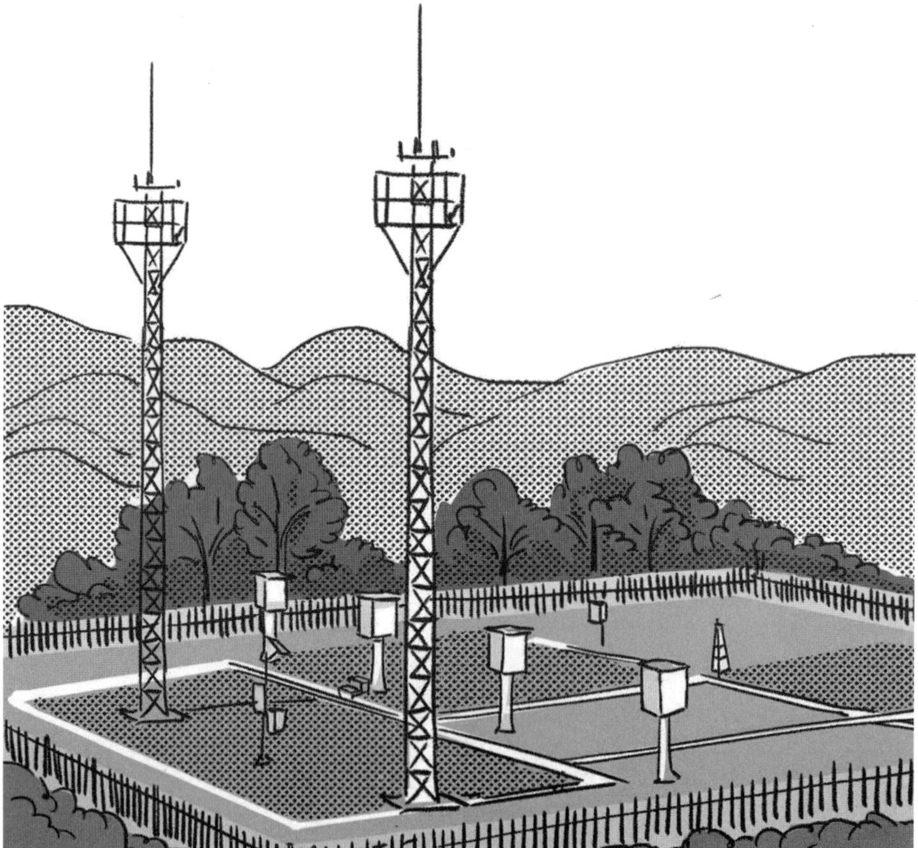

冬

DONG

1. 先跑两圈

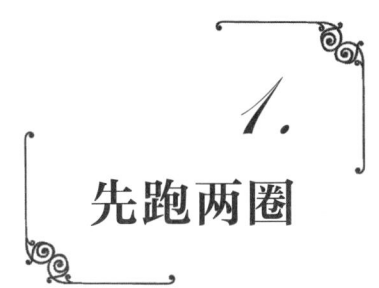

周六下午，学习了几个小时的小墨子，抬起头长出一口气：“终于写完了我的数学作业，哎哟哎哟，伸伸腿，哎哟哎哟，直直腰。”

“来，小墨子，吃个苹果，看你学得好像很辛苦的样子。”妈妈走了过来，递给了小墨子一个大苹果。

“好像？”小墨子叫了起来，“妈妈，我是真的很辛苦，好不好？！”

“哈哈，小墨子，爸爸妈妈也是从学生过来的，学生的痛苦，我们都懂。”爸爸意味深长地说。

“爸爸，既然您这么能体会我的痛苦，现在我需要的是好好放松一下，咱们一起去踢球吧！”小墨子一脸兴奋。

“对，是要劳逸结合，你们两个快准备，咱们马上出发去公园。”妈妈一边说，一边开始准备起来。

来到公园空旷处，小墨子拿起球就准备开始踢。

“先等一下，你先去跑两圈，然后再踢。”爸爸说。

“每次您都让我先跑圈，为什么啊？”小墨子一脸不解。

“因为运动之前热身是非常必要的，这样能避免你受到不必要的运动伤害。”爸爸语重心长地说，“回想一下，体育课上，老师是不是也让你们先热身，然后才运动呢？”

“可我觉得不热身也没关系啊，我也没有受过伤啊。”

“等受伤就晚了！”爸爸严肃地说，“运动之前的热身，会让你全身的肌肉舒张、收缩，这样不仅可以提高局部和全身的温度，促进血液循环，还可以让你体内的心脏血管系统、呼吸系统、神经肌肉系统及骨骼关节系统，逐渐适应即将进行的运动。热身越充分，受伤的可能性就越低。尤其像足球、篮球、短跑、羽毛球这些比较剧烈的运动，热身更是必要的。我们看体育比赛时，往往只看到运动员在赛场上的精彩表现，其实，他们热身的时间有时比正式比赛的时间还长呢。而且啊，不同的运动项目，热身要求也不一样，要有针对性地对局部肌肉或者筋腱进行挤压、拉伸。”爸爸耐心地解释。

“原来是这样啊。爸爸，我终于知道热身的重要性了。我这就去跑两圈！”说话间，小墨子就动了起来。

“哈哈！咱们一起好好热身。等一会儿踢完球，我再给你讲讲运动后拉伸放松的重要性。”爸爸说着也动了起来。

1. 先跑两圈

2. 蔬菜水果都要吃

中午在学校吃饭，小墨子一看有芹菜炒肉丝，食欲马上就来了，因为他特别喜欢吃这种很有嚼劲儿的菜。

埋头苦吃了一会儿，小墨子把芹菜吃得差不多了，才有工夫抬起头。他转头一看，旁边阿诺饭盒里的芹菜几乎没动过，她正像吃药似的费力地吃着一段芹菜。她一看小墨子看她，赶紧示意要把没动的一大半儿拨给他。小墨子刚想去接，手腕儿就震动了，只见电话手表显示：“这个不能帮，一定要多吃蔬菜。”

小墨子抬起手腕给阿诺看，她看完，一咬牙，又开始吃了，但明显吃得快多了。

午休时间到了，阿诺拿出了自己的水果盒，里面是妈妈给她准备的切好的梨。她小声对小墨子说：“咱们问问电话手表，芹菜我嚼着太费劲了，能不能不吃啊？是我吃水果不是一样能补充维生素吗？”

小墨子点点头，两人向外走去。一看四周没人，电话手表说：“水果和蔬菜确实都有很高的营养价值，比如说都有丰富的无机盐和维生素。但蔬菜和水果两者相比，蔬菜中的无机盐和维生素含量一般比水果丰富，而且有些蔬菜还含有更多的纤维素，芹菜就是代表。纤维素能刺激肠道蠕动，可以有效防止便秘。”

“原来水果和蔬菜真的不能相互替代啊！”阿诺不禁感叹。

“而且，水果的热量往往会比蔬菜高，也就是说，吃同样重的水果和蔬菜，水果更容易导致肥胖。”电话手表补充说。

“啊，那我就不吃这梨了！”

“一切适量，如果只吃蔬菜不吃水果，一些水果中的维生素就没有办法摄入了。梨是一种很健康的水果，不仅鲜甜可口、香脆多汁，而且营养丰富。它含有多种维生素及钾、钙等元素，有降压、清热、镇静和利尿的作用。它还是本地应季水果，这样的水果不仅新鲜、口感好、自然成熟度高，而且用药少，是不错的选择。”

“那小墨子咱们一起吃吧？电话手表，就是委屈你了，你吃不了。”阿诺不无遗憾地说。

“没事，梨的味道我知道，我的程序里有。”电话手表平静地说。

3. 高速公路的学问

周四晚上，小墨子一家计划在周五下班、放学后，来一场说走就走的旅行，去看看冬天的大海。有了这个打算，一家人立刻开始了准备工作，每个人在紧张中还透着些小兴奋。他们是这样分工的：爸爸负责保养车、加足油，妈妈负责准备衣物和周五晚上在车上的晚饭，小墨子则要抓紧时间完成作业和其他各种学习任务。

期待中，周五来了。市内的交通实在不敢恭维，但是因为有着对未来两天的期待，爸爸今天面对拥堵表现出了十足的耐心。上高速后，车速一下快了起来，爸爸高兴地说："按照这个路况，咱们晚上还能在当地饭店吃饭呢，就不用在车上吃干粮了。"

"先别想着吃饭的事儿，踏踏实实开车，安全第一。"妈妈连忙提醒爸爸。

"放心吧！"爸爸一口答应。

天色渐渐暗了下来，小墨子静静地看着太阳的余晖一点点消失。每天太阳都这样东升西落，但是自己怎么都没好好看过呢？

天彻底黑了，前方车辆尾灯的光显得分外地亮。"哎！高速公路两边为什么没有路灯啊？"小墨子忽然惊醒了一样地问道。

"这是从安全的角度考虑的。"妈妈解释说，"普通道路两边的路灯发出的是散射光，容易让司机目眩，高速公路上车辆的速度都很快，因此不能让路灯发出的光线影响司机的视线，否则容易发生事故。”

“前边有休息站了，咱们在这里休息一会儿吧，然后一鼓作气就能到达目的地了。”爸爸说。

“太好啦！我正好想去一下卫生间。”小墨子说。

爸爸的车打了右灯，准备向休息站开。小墨子忽然发现地面上一段段的指示标志发出了亮光，他急忙问：“爸爸，地上这些标志怎么是亮的？下面有电源吗？”

“爸爸在开车，不要打扰他，妈妈来解释给你听。”妈妈赶紧把话接过来，“这是一种新型材料制成的反光标志，它们本身不会发光，但当汽车前灯的强光照射在上面，它们会将光线反射到司机的眼睛里。它们的反射距离能达到 1000 米，在 400 米的距离内能看出标志的颜色、图形，200 米内能看清标志上的文字。道路上普通物体对光的反射是一种无规则的漫反射，可见度很差，但这种反光材料则能使光线平行而且是定向地反射到光源上。”

说话间，车停在了休息站。爸爸从驾驶位走了出来，伸了个懒腰，对小墨子说：“小墨子你发现了吗？高速路上还没有急转弯和长距离的直路。”

小墨子回想了一下，点点头：“嗯，好像是这样的。”

“长时间的直路驾驶容易让司机注意力不集中，而急转弯则容易产生离心力，车速越快离心力就越大，这些都是发生事故的隐患。”

“爸爸，我知道了。您赶紧休息，咱们安全第一！”

4.
神奇的墙面

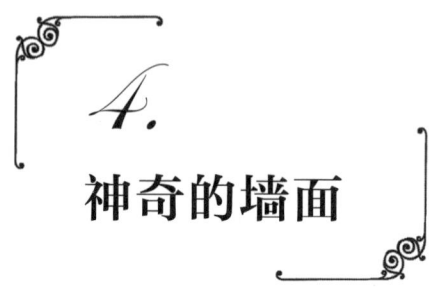

除了博物馆，小墨子的妈妈也很喜欢带他去音乐厅，妈妈的说法是：接受一下艺术的熏陶，提升一下个人气质。

每次他们都会早到一些，仔细了解一下节目内容或者逛一逛纪念品商店。

这天，他们又到了去过多次的音乐厅听交响乐。妈妈说："小墨子，今天妈妈穿了双新鞋，有点儿磨脚，咱们直接进到音乐厅里坐着等开始吧，说不定你会有什么新的发现。"

小墨子答应了，还贴心地扶着妈妈走进音乐厅，找到座位坐下了。

坐定后，小墨子打量起周围，只见音乐厅里的墙壁上布满了小孔，天花板上还有些漂亮的装饰。

他说："妈妈，这里的墙壁和天花板为什么要设计成这种样子啊？"

"这个呀，可不光是为了美观，还有更深的意义。小墨子，你回想一下，如果在人很少的、空旷的大礼堂里，有人对你大声说话，是不是虽然声音很大，但是你仍会感到有些听不清对方在说什么呢？"

"嗯，是的。妈妈，这就是回声的影响吧？"

"没错。当回声与原声进入人耳的时间差大于 0.1 秒时，人耳就能分辨出来，语言和音乐就会在回声的作用下变得模糊不清，使声音变得非常嘈杂，所以回声是音乐厅中必须避免的。是否会产生回声主要取决于声音的反射体，如果反射体很平滑，那么声音会发生镜面反射，同一束声线，很有可能同时到达某个地方，由此产生回声。”妈妈停了停，看见小墨子在认真地听着，又继续讲道，“反之，如果反射体凹凸不平，那么声音会发生漫反射，同一束声线被反射到不同的方向，然后以不同的时间到达某个地方，形成混响。而混响则是反映音乐厅质量的一个重要因素，优秀的混响环境设置会使得声音变得更加立体、厚实、丰满，也就更‘好听’。”

“啊，所以音乐厅的四周都做成凹凸不平的、蜂窝状的墙壁，而天花板也会有这样那样的装饰，这样一是为了避免形成回声，二是为了营造优秀的混响环境，就能保证较好的听觉效果。妈妈，我说得对吗？”小墨子恍然大悟。

“没错，小墨子真棒！咱们马上就要欣赏优美的音乐啦！”妈妈笑着说。

正说着，演出即将开始的预备钟声响起了，小墨子赶紧坐好：“我要赶紧享受艺术与科技的完美融合了。”

5. 接线板也是要退休的

经过一个星期的努力表现后，小墨子终于争取到了周末去阿诺家玩的机会。不仅小墨子高兴，阿诺也高兴，她特意请妈妈这天下午给小墨子准备了好吃的下午茶。

小墨子在楼道就闻到了浓郁的点心香，等进到阿诺家，这味道就更浓了。小墨子换好拖鞋、问过好后问道："阿姨，我洗手后能给我妈妈打个电话吗？我要跟她说我到您家了。"

"当然可以，真是懂事的好孩子。"阿诺的妈妈称赞道。

趁着小墨子打电话的工夫，阿诺把妈妈亲手做的小点心端上了餐桌，她还贴心地说："谢谢妈妈，您辛苦啦。"

"别客气，小墨子是我们家的客人，理应好好招待。对了，弟弟在睡觉，他要是醒了，你和小墨子带着他一起玩吧，我还有些其他的点心要烤。"

"好的，妈妈您放心吧！"

"阿姨，我打完电话了，谢谢您！哇！您做的点心看起来就很好吃！"小墨子打完电话过来，一下子被餐桌上的点心吸引了。

"你快尝尝，回家的时候给你爸爸妈妈也带点儿。等你过生日，阿姨再给你做个蛋糕。"阿诺的妈妈笑呵呵地说。

“阿姨，您的烘焙技术真是高超！”

“是啊！妈妈可厉害了！妈妈还开了微店叫‘郭郭手工烘焙’，可以让叔叔阿姨也关注一下。”阿诺说的时候透着几分骄傲。

“阿诺，谢谢你的宣传。”阿诺妈妈笑着说，“小墨子你赶紧尝尝，还有一份马上也烤好了。”

阿诺妈妈话音刚落，“叮”的一声，烤箱提示时间到了。

小墨子一看，两台烤箱在同时工作呢！而且插头插在同一个接线板上，接线板上有四个插口，除了两台烤箱还连着一部手机和一台搅拌机。“阿姨，您这样好像不太安全，您摸摸接线板是不是都发热了？”小墨子担心地说。

阿诺的妈妈赶紧过去摸了一下说：“哎呀，还真是，都有些烫了。”

“接线板怎么这么热了呢？”阿诺的妈妈自言自语道。

“阿姨，这是因为每个接线板都是有额定功率的。刚刚您的两台烤箱都在工作，这么大的功率很容易会使接线板发热，时间长了甚至会造成短路、漏电甚至火灾呢！”

“这么严重啊！我之前倒是没用接线板，家里原来就只有一台烤箱。这些天订单多，要烤的东西多，我就把阿诺姥姥家的烤箱也搬来了，还把家里好久不用的接线板也翻出来了。”阿诺妈妈说着，就将不工作的烤箱、手机和搅拌机的插头都从接线板上拔了下来。

“而且阿姨，接线板时间长了也要更换，我家前两天刚去超市买了两个新的，把家里旧的都换了。现在都是‘新国标’五孔式的插座了，您这个接线板确实也该换啦。”

“谢谢小墨子！幸亏你今天来了，否则后果真是不堪设想啊！”阿诺的妈妈由衷地说。

5. 接线板也是要退休的

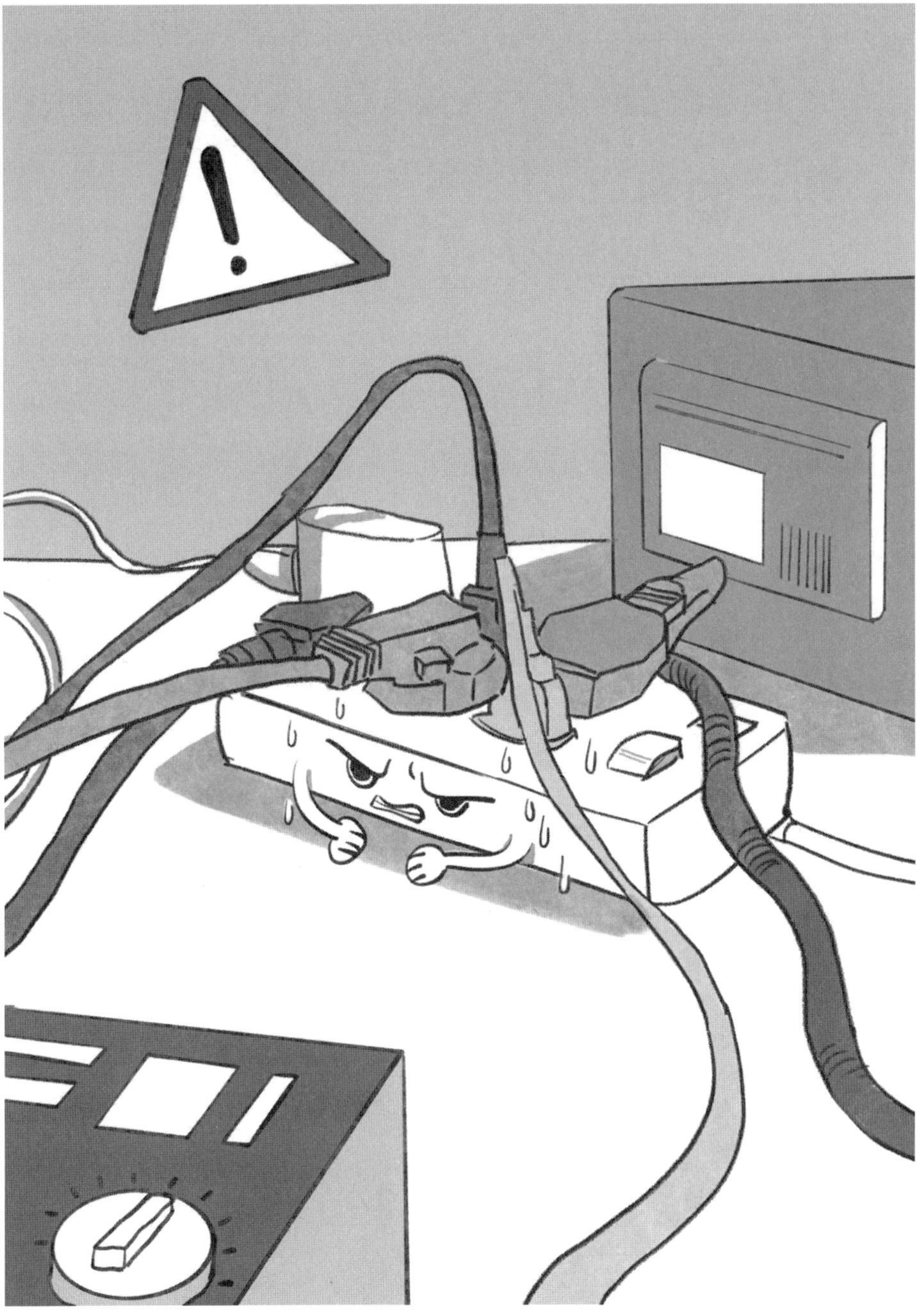

6.
塑料的科学

今天棒球教练临时有事，下午的训练就取消了。老师特意通知了球队的每个人，还与每位家长确认学生是直接回家还是在学校自行训练后再回家。小墨子给妈妈打了个电话，电话那头妈妈说："抱歉啊小墨子，我这儿走不开，自己回家吧，注意安全啊。"

回到家后，小墨子很自觉地做完了作业，一看比平时提前了半小时，干什么呢？干脆去厨房看看有什么能先帮忙做的事儿吧。

小墨子来到厨房，打开冰箱，只见里面摆着好几个塑料餐盒，仔细一看有用水泡着的切好的土豆丝，有掰成小块儿的菜花……都是妈妈提前准备好的食材。难怪每天妈妈下班回家都能很快变戏法似的迅速做好饭，原来她是做了充分的准备呀！难怪每天准备完早饭妈妈还要在厨房忙碌半天，原来……小墨子心里不禁涌起一阵感动。

嗯，看来自己是得做点儿什么！想到这儿，小墨子看到还有一捆菠菜好像没洗过，就随手拿起买草莓附带的小塑料盆准备洗了。

这时小墨子手腕儿振动了一下，接着只听电话手表说："塑料制品不能随便用呀，小墨子。你看看这个盆底有'身份证'吗？"

"身份证？一个盆儿有什么身份证啊？"

"你先看看冰箱里你妈妈用来装食物的塑料盒底下有什么？"

小墨子拿出一盒，一看底下有一个三角形的标志，里面印了个数字 5。“这就是塑料的身份证吗？”小墨子问道。

“对呀，你再看看你要用来洗菠菜的塑料盆底下有什么。”

小墨子掀起一看，有什么呀？什么也没有。

“什么也没有吧？因此像这种塑料制品就不能随便用，尤其是入口的食物。”

“电话手表你再具体讲一讲吧。看来除了 5 号，还有别的型号啊。”小墨子连忙说。

“首先，塑料由很多相同的小分子聚合而成，成分主要来自石油、天然气和煤，这些资源存储量有限，科学家正在研究如何从植物中提取原料来制造新型塑料。塑料制品的编号一般是 1~7 号。我们平时买的饮料瓶子就是 1 号，只适合短时间存放常温液体或者冷饮，如果放了过热的食物或者长时间存放东西，瓶体就会释放出有毒物质。”

“这么一说，我明天得提醒一下我们班的小马虎，因为他经常弄丢水壶，最后一生气，就决定把一个矿泉水瓶当水壶，用来装学校的温水，号称丢了也不心疼。”

“你确实有必要提醒他一下。”电话手表表示支持，接着又说，“接着是 2 号，一般用来盛放清洁洗涤用品，可反复用，不过容易残留原有的物质。3 号这种材料在制造过程中和高温下都会产生有害物质，因此基本不用在食物包装上。4 号就是保鲜膜，耐热性差，别用它包裹食物加热，否则食物里的油脂会让保鲜膜里的有害物质溶解出来。”

“我来说 5 号吧，就是妈妈用的这个，可加热。”

“嗯，没错。但是你再看看它的盒盖是几号？”电话手表提醒道。

“哎，怎么三角形里面还有一个数字 1？”

“是的，所以用的时候这个也要注意。然后是 6 号，这就是一次性食物包装盒了，这个能耐寒，但是耐热、耐酸碱性比较差。7 号塑料制品不能在使用时加热，还要避免阳光直射。”

“塑料的学问可真大！对了，电话手表，如果我用我的压岁钱买几个玻璃盒子用来装食物，是不是就更保险了？”小墨子问道。

“玻璃盒子的确安全性更高，但是它过重和易碎的缺点也是存在的。对塑料制品的使用不必因噎废食，只要做好分类，就可以很好地享受到塑料制品带来的便利。”电话手表平静地说。

5
1

7.
毛巾变硬了

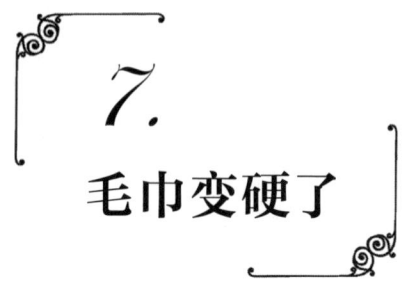

“小墨子，昨天洗的东西应该都晒干了，辛苦你和爸爸去阳台收一下，再叠好。妈妈这就做好饭，等你们收拾好就可以吃饭啦。”

“好嘞，放心吧，妈妈！我们这就收拾。”

说着，小墨子和爸爸一起做起了整理工作。过了一会儿，小墨子突然跑到厨房，兴奋地对妈妈说：“妈妈，您快看！”

“怎么啦？等一下，我把火先关上。”妈妈应和着。

小墨子拽着妈妈来到客厅，“您看！”说着小墨子指了指一旁，“这几条毛巾硬硬的不变形，我用它们摆成了小房子。”小墨子很是得意。

“哈哈！创意不错！但是，可不要耽误干活儿呀。”妈妈笑着说。

“嗯，毛巾是有些硬了。前天我运动结束后流了很多汗，用毛巾擦的时候觉得有点儿硬，但也没在意，使的劲大了点儿，后来身上就刺刺的痛。”爸爸在一旁回忆着说：“得换几条新的了，旧的这几条做抹布吧。”

“哎呀，是我大意了。但这几条毛巾用的时间不长，换新的有些浪费，要让它们变软，我自有妙招！”妈妈自信地说。

第二天，小墨子一家还是用的旧毛巾，但是它们却恢复了以往的柔软。小墨子不禁问：“妈妈，毛巾怎么又变软了啊？它们变硬又是因为什么呢”

妈妈耐心地解释给小墨子说：“人体表面的油脂、皮屑、无机盐、灰垢等杂质都不易溶解于水中，如果单纯用清水洗涤，很难清洗干净，这些杂质就会在毛巾纤维中日积月累；此外，我们在沐浴、洗脸时用的肥皂，极易与水中的钙、镁离子结合形成钙、镁皂，也会附着、沉积在毛巾的棉纤维上，像水垢一样，这就使得毛巾绒圈纤维粘连发硬、粗糙，毛巾也就变硬了。”妈妈看了看小墨子，又继续说，“如果想要让毛巾恢复柔软，就要‘烫一烫，搓一搓，漂一漂’。烧开一锅清水，然后向锅里加适量食用碱，再放入毛巾煮上一会儿，再用香皂搓洗一下，最后用清水漂洗干净。或者准备半盆热水，倒入适量白醋，放入毛巾后泡十分钟左右，揉搓一下再泡十分钟，最后用清水漂洗干净。这些处理方法在一定程度上改善了毛巾的手感，也起到了一定的消毒作用。但是毛巾最长使用时间不宜超过三个月，还要做到专人专巾专用，不能顾此失彼。”

小墨子点点头，说：“嗯，我明白啦！‘烫一烫，搓一搓，漂一漂’其实就是给毛巾消消毒，除掉那些附着物，这样毛巾就变软了。”

“没错，小墨子总结得真到位！”妈妈称赞说。

皮屑
灰垢
油脂
无机盐
皂

8. 洗澡的学问

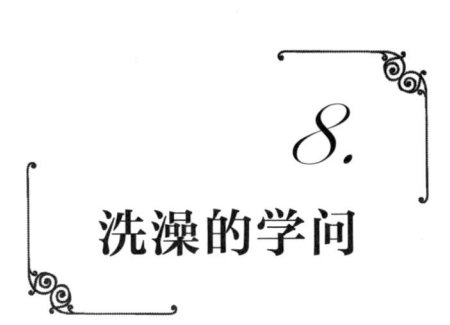

家里旧的电热水器已经用了好几年了，每次加热的时间都比较长，常常是一个人洗完要等好长时间另一个人才能洗，甚至有一次小墨子都等得睡着了。于是爸爸妈妈决心换一台新的热水器。

无论是在网上还是在实体店，爸爸妈妈选择的标准首先都是看“中国能耗标识”是不是“耗能低”这个档位，最终他们看中了一款不但耗能低而且加热快、开关带控温、能保持水温恒定的热水器。

从下单到送货上门，再到安装成功，只用了短短两天的时间。小墨子放学回家，一进门就看见门厅堆放着的热水器外包装，便说：“妈妈，今天咱们就能用新热水器洗澡啦？太好了！今天外面有些冷，我现在就想洗了。”

“是啊，小墨子你今天可以第一个洗哦。对了，新热水器的开关有控温装置，打开开关就是合适的温度，不用每次都调啦！不过开始的时候你还是要放一会儿水，直接把水接到洗墩布的桶里就可以了。”

“那太方便了，咱们的温度定的是多少啊？”

“40 摄氏度。”

“好的妈妈！谢谢啦！不过我对这个温度没有什么概念，回头我试试，要是万一觉得凉我想再调热一点儿，我想洗洗热水澡暖和暖和。”

“40 摄氏度的水温对人体最合适了，不仅能消除疲劳，还能改善血液循环。如果把水温调得再高，反而更容易引起疲劳呢。”

“好的妈妈，我知道啦。那我就准备一下洗澡啦。”

一会儿妈妈听到浴室里不但有哗哗的水声还有小墨子愉快的歌声，妈妈不禁微笑着自言自语：“这孩子，一听就是洗得高兴了。”

一会儿，小墨子穿好衣服擦着头发从浴室出来了，他说：“哈哈，洗完澡真是神清气爽！这水温简直太舒服了！”

“嗯，感觉出来了，因为你刚才的喜悦之情已经透过歌声从浴室传出来了。”妈妈笑着说。

“我唱歌了吗？哈哈，我都没注意！为什么洗澡能有这个效果呢？”

“你刚才洗澡时，用的喷头在向外喷射出细密水流的同时还能产生出很多阴离子，这些阴离子能促进细胞新陈代谢，帮助排出一些废物，从而增强人体的免疫力。同时，这些小细水流还能促进血液循环。这些自然就让你觉得舒服啦，因此水温很重要。”

“真好！待会儿等爸爸回来，让他也享受一下。”

40℃

9. 睡眠要充足

最近小墨子进入了一种痴迷阅读的状态，特别是在了解霍金之后，他对于宇宙啊、天体啊、平行宇宙啊，都非常着迷，只要一有时间就会读书，晚上睡得也晚，总想多看一会儿，把这儿看明白再关灯睡觉。

这天已经快九点了，小墨子的房间里还透着灯光。爸爸在外面敲门："小墨子，是不是该睡了？"

"哦，马上，马上就把这章看完了。"

"爸爸进来了啊。"

"好的，您请进！"

门一开，只见爸爸端着一杯水走了进来。"爸爸，怎么了？"小墨子说着从床上坐了起来。

"小墨子，你最近看书已经达到了一种废寝忘食的地步了，能不能调整一下？"

"爸爸，我觉得睡觉好耽误时间啊，要是多挤出一些时间拿来看书多好。"

"来，爸爸也不强迫你，你看的是科学，那咱们就用科学来解释一下睡觉这件事有多重要吧。"

"好的，我洗耳恭听。"说完，小墨子坐得更直了。

“从时间上说，睡觉确实在我们的一生中占的时间比较多，你猜一猜会有多少？”

“嗯，我猜，一多半时间。”小墨子一脸坏笑地看着爸爸。

“你说的不是人类，是树懒。”

“那，我猜人有三分之一的时间在睡觉。其实这都不用猜，您想啊，一天 24 小时，人一天要保证基本的 8 小时睡眠，这 8 小时也就占一天时间的三分之一，每天睡眠时间都占三分之一，那从人的一生来说不就相当于三分之一时间在睡觉嘛。”

“嗯，这种学以致用的迁移精神、严密的推理以及清晰的表述值得表扬。不过看来你知道人要保证一定时间的睡眠啊。”爸爸先扬后抑的讲话策略让小墨子不禁脸一红：“是的，爸爸，而且我还知道小朋友的睡眠时间要达到 10 个小时。”说完小墨子把头低了下去，然后用更小的蚊子声说，“我是听同学说，有不少名人都精力旺盛，每天睡觉的时间很少，所以我就想试试。”

听到这儿，爸爸把水杯放到一边，坐到小墨子的床沿，摸摸他的脑袋说：“来，儿子，抬起头。很多事儿不能光听说，如果你要对这个事情感兴趣可以去查一查、了解一下，看看实际情况是不是真的这样，他们除了事业的成功，身体是不是也很棒。”

“嗯，爸爸我知道了。”小墨子抬起头望着爸爸。

“时间关系，我们就再聊两分钟吧。简单地说，睡觉不但能帮助我们更好地积蓄能量，修复细胞，还能帮助我们更好地适应所处的环境。可以说所有的生物都要睡觉，因为大家都会在阳光的控制下对昼夜节律作出相应的反应。当然了，如果实在时间紧，闭会儿眼睛也是一种休息。说到眼睛，睡觉时房间要尽量暗一些，这样才能产生更多的褪黑素。如果眼睛的光感受器总是感受到光亮，则会影响褪黑素的产生。”

“褪黑素是？”

“总之这个对于人体有很多好处，明天你可以具体查一下。好吧，儿子快睡吧。帘子，哦，已经拉严实了。关灯，我给你关门。”

“好的，爸爸，晚安！”

“小墨子，爸爸希望你做一个快乐、自由的普通人，很多事情不必太刻意。”

8～10
小时
能量

10. 我有一对卧蚕眉

今天小墨子在卫生间里的时间分外长，准确地说，他在镜子前面停留的时间分外长。妈妈中间去敲了两次门，小墨子都没开门，还听见他在里面自言自语。第三次可能听到妈妈有些急了，小墨子很快把门打开了，他眉头微皱，摸着自己的眉毛对妈妈说："妈妈，您看我这眉毛怎么这么粗、这么黑啊？同学今天说我像蜡笔小新。尤其是阿诺，她乐得最欢！要是我没眉毛就好了！"

"小墨子，这都是同学之间在开玩笑，不要太在意。"妈妈安慰道。

"妈妈，您不是有刮眉刀吗？帮我把眉毛刮掉吧！"

"小墨子，你看你的眉型，咱们中国人叫它'卧蚕眉'。你知道你跟谁的眉形一样吗？就你特佩服的那位。"

"超人！哦，不对，中国人。关羽！"小墨子兴奋地说道。

"对呀！你看你的眉毛，黑亮有光泽，像蚕宝宝一样微弯地卧着，这样的男子都很英武呢！"

听了这话，小墨子又奔到镜子前，重新审视着自己的两道眉毛，明显高兴了起来。

"妈妈，我记得您说过，什么东西都不能光好看，还要有用。可这眉毛除了增加颜值，还能干什么呢？"小墨子疑惑地问。

妈妈耐心地解答道："你的问题很有道理，妈妈这就讲给你听。你发现了吗，除非汗出得特别多，否则一般出的汗都不会进到眼睛，这是谁的功劳？自然是眉毛。下雨的时候也一样，眉毛直接把雨水引到太阳穴那儿了。"

"妈妈我还想到好像有很多成语也是和眉毛有关的：喜上眉梢、眉开眼笑、迫在眉睫、挤眉弄眼、愁眉不展……这是不是也能说明什么？"

"小墨子，妈妈觉得你能把掌握的知识活学活用特别好！这个问题你再想想？"

小墨子凝神想了一会儿，忽然眉头一开兴奋地说："眉毛还能传递情绪！喜怒哀乐都能表达，像那次我把衣服洗坏了，您的眉毛都快立起来了，现在呢，您的眉毛就是弯弯的。"

"补充得特别好！好啦，小墨子，现在不惆怅了吧？"

"嗯，不愁了！我现在还很开心。我这就要给阿诺打个电话，给她讲讲我英武的卧蚕眉。"

11. 气球怎么爆炸了？

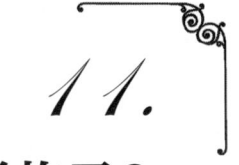

班里今天热热闹闹地举行了一场联欢会，大家纷纷展示了自己一年来学到的才艺。吹拉弹唱，说相声，中间还有小游戏抽奖环节。每个人还能大大方方地带好吃的来学校，并和大家一起分享，那感觉就更不一样啦！

快乐的上午很快就过去了，联欢会结束后，大部分同学都放假回家了，只留下了小墨子、阿诺等几位同学将布置的气球摘下，把拉花收起，还要将会场打扫干净。

人虽然不多，但是大家都很勤奋、积极，所以很快就只剩摘气球、收气球的任务了。

“咱们歇会儿吧，我都渴了，来吃个橘子！”小机灵说。

“好呀，我也来一个！”小墨子伸手接住了小机灵扔过来的橘子。

“阿诺，你也来点儿，这橘子汁水真多。”小墨子说着，给阿诺也分了半个橘子。

“这个橘子皮，味道好香啊！”小机灵挤了挤橘子皮，“这一下子就神清气爽了！接着干活儿喽！”小机灵拍了拍手，两只手蹭了蹭刚才溅到手上的橘子皮里的汁，爬上了椅子，伸手就准备摘气球。

“小机灵，等一等！”小墨子赶紧制止，“你一定要先洗手再摘气球，否则气球容易爆炸！”

“为什么啊？我也没用什么尖锐的东西，不会把气球弄破的。”小机灵不解地问。

小墨子解释道：“不是因为有尖锐的东西会扎破气球，是因为你手上有那些橘子皮上的汁。”

这下小机灵有些诧异，他睁大眼睛问：“是因为橘子皮汁水是酸性的，所以它的腐蚀性会破坏气球的结构吗？”

“橘子皮汁水是酸性且有腐蚀性这点没有错，但是气球并不是因为这一点而爆炸的。咱们还是来做个试验吧！”小墨子说完把小机灵扶下来，他在桌子上挤了一些橘子皮的汁水，然后拿了吹得鼓鼓的气球轻轻地蹭了蹭刚刚挤出的橘子皮汁水。

虽然有心理准备，但是气球“啪”一下子爆炸的声音还是吓了大家一跳。

“这个厉害了！”阿诺也凑了过来，好奇地问，“小墨子，这是什么原理呀？”

“橘子皮包括橙子皮里挤出的这些汁水其实是精油，它的成分里有一种叫‘烯’的物质，它才是使气球爆炸的真正原因。我们都知道气球是橡胶做的，吹起来又很薄，这种烯很容易让橡胶溶胀，橡胶溶胀后强度就降低了，很难再承受住原来气球里气体的压力，因此就会爆炸。”小墨子仔细地解释着。

“大家又在讨论什么科学问题呐？家长们已经在等着接你们啦！”不知道什么时候老师进来了。

“老师，我们就快收拾好了，应该可以让爸爸妈妈们进来了，现在就剩下摘气球、收气球的任务了。不过，我呀，得赶紧先去洗个手了。”小机灵说完，就一溜烟地跑去洗手了。

11. 气球怎么爆炸了？

12. 纸皱了

中午休息的时间快结束了，小机灵慌慌张张地拿着一本书过来了。“小墨子，快！江湖救急！”

“别急，什么情况？”小墨子让小机灵先把气儿喘匀。

“书，新书，图书馆刚上架的新书！我不小心洒上水了！”

小墨子听了，让小机灵赶紧把书翻到弄湿的地方，拿出纸巾把它们夹在弄湿的纸页上，然后使劲用手掌向下压，纸巾有些潮了，变得皱皱的。小墨子迅速把这些纸巾撤下去，又换上新的纸巾夹上。小墨子还想再压，这时上课铃响了，小墨子把书递给小机灵说：“上课了只能先这样了，不过弄湿的书页水分已经少些了，上课你这样把书压在屁股底下，最好中间再换一次纸巾。纸巾你那里有吧？”

“好的，谢谢小墨子。纸巾我还有，这方法太好了，希望这些湿了的书页别皱得太明显了。”

还好这节课是自习课，小机灵有时间继续处理这本被弄湿的书。

一下课，小墨子就来到小机灵的课桌旁，问道：“怎么样了？”

“效果肯定比不处理好多了，但是还是能看出有些皱。唉，这让我怎么和图书馆老师交代啊……”

“怎么回事儿啊？”

“前些天，我看到学校图书馆在宣传要上架新书了，这个探案系列可是我一直就关注着的续集。于是我每天都去图书馆打听到底什么时候能借阅。终于这份诚心感动了图书馆的老师，可以借阅后，老师就特意通知了我。我太激动了，着急看书，喝完水没拧好水壶的盖子，还没看完一页呢，水壶就被我碰倒，水还洒在了书上。”

看着小机灵懊悔的样子，小墨子也暗暗为自己的朋友着急：“现在你打算怎么办呢？”

“我也在犹豫，要是不想让图书馆老师知道也简单，我自己把书放在图书归还处就可以了，老师到时候就自己去摆放。但是这样我的内心会不安的，我觉得还是应该去主动和老师解释一下，如果实在有需要，我就用自己的零花钱再买一本。”

“嗯，我支持你，不论结果怎么样，告诉老师实情，心里一定会轻松许多。走！我陪你一起去。”

至于这件事的结果啊，你看两个人从图书馆出来后小机灵如释重负的样子就能知道啦。

“我喜欢这样的老师！”小墨子先说道。

“是啊！但首先还是要谢谢你的补救措施！书没有破损得更严重，所以老师才说书的损伤不大，才能让我用开读书沙龙的方式来弥补。真是太感谢你了，小墨子！”

“没事儿，你太客气啦。快回去仔细看书吧，到时候才能更好地向大家介绍啊。”

“嗯，一定的。对了小墨子，为什么书页洒上水，水干了之后书页就会皱了呢？”小机灵解决了书的问题，又开始思考别的问题了。

“这个问题可以从两个角度来进行分析。科学课上讲过水的表面张力，对吧？”

“对，我记得，也就是液体有让自身表面积收缩到最小的性质，而表面积最小的形状就是球形。”

“嗯，没错。水洒到纸上后，会迅速渗到纸的纤维中，当这些水分要蒸发时，表面张力就开始发挥作用了。表面张力越大，收缩力自然就越强。这会让纸页的受力不均匀，等水分都蒸发了，纸张就会变得凹凸不平。”

“所以我们用纸巾沾走书页上的水分，就会减少表面张力在上面的影响，这个办法太棒了！”

“另外从微观角度来理解，就是原本纸纤维分子间的排列已经固定了，但是吸入的水分会破坏原有的排列，这也是纸张沾水后会变皱的原因。”

“看来今天这书算是没白洒水，换来一场沙龙主讲，还获得了知识。谢啦，小墨子。”

“可别再这样了，咱们还是养成看书的好习惯，不损坏书才更好啊。”

12. 纸皱了

13. 对称不对称

博物馆又有新展览了，妈妈一回家就宣布了这个好消息。小墨子一家都很喜欢参观博物馆，只要有新内容，就肯定能看到他们的身影。

这次展览的主题是“这座城市的历史”，他们都非常感兴趣。通过这次展览，爸爸和妈妈想从那些老照片、老物件里回忆一下童年，小墨子则想看看过去的人们是怎样生活的。

来到博物馆一看，展品还真是丰富，衣食住行全面表现，小墨子看得很过瘾。走着看着，来到其中一个新展厅，这里展出的是这座城市各个朝代的地图。看了几幅后，爸爸示意小墨子注意几幅地图中都有一条贯穿南北的中轴线，小墨子定睛一看，还真有这个特点！他又仔细看了一下说明，原来这种对称可以表现出一种平衡的美，而且让整个城市布局尽显方正大气。接下来小墨子发现对称的元素运用在很多地方，比如四合院。除了这种建筑形式本身，就连四合院里一些细小的地方也有对称，像大门上的门页、铺首、门钉……

这个真有趣！小墨子有些迫不及待地想和爸爸好好讨论一下这个问题了。

小墨子向爸爸妈妈示意今天先看到这儿。出了博物馆，终于能用正常音量说话了：“爸爸咱们找找身边的对称吧。”

“咱们都不用从身边找，先从自己身体上找就能发现不少，你学过素描，在画人体结构的时候是不是发现人体是对称的？”

“对，再往小范围说，仅头部就有不少对称的部位，眉毛、眼睛、耳朵、鼻孔。”妈妈接着说道。

“您给我留点儿，别都说完了！人体内部是不是也是对称的呢？”小墨子问。

“这个问题问得好！不过还真不是，人体内部的器官几乎没有对称的。比如说肺，看着好像左右两叶肺一样，其实左肺是两叶，右肺则分上中下三叶。再比如说两根气管，左支气管细长且比较平斜，右支气管短粗而几乎垂直。所以，我们平时说‘呛着了’，东西一般都落到右支气管里了。”

“其实我们刚才说的对称都是相对的，如果你仔细看，有的人会一只眼睛大一只眼睛小，有的会一道眉毛高一道眉毛低，有的则会左边的额头比右边的稍大一些。”妈妈补充道。

“我觉得身体对称的两边还会相互配合，如果我右手用力，左手也会不自觉地用劲儿。”

“小墨子，你观察得真细致！”

“爸爸，我上午吃了一块巧克力，那从对称的角度能不能允许我待会儿到家再吃一块？”

14. 鱼和熊掌如何兼得?

这天，小墨子妈妈正做着饭，随着一声“我回来啦！”小墨子爸爸带着一股冷风开门进到屋里。

“今天怎么这么早就回来了啊？”妈妈问。

“今天下午在外面开会，散会的时间比较尴尬，再回单位应该正赶上其他人下班，索性我就回来了。”

“这样也好，咱们吃素韭菜馅饼，喝红豆粥。赶紧洗手，饭这就做好了。顺便看看小墨子写完作业没有。”

“妈妈，我写完了，早就在房间里闻到味儿了。爸爸您回来啦！”小墨子热切地招呼着。

不一会儿，一盘烙得焦黄的馅饼，三碗热乎乎的红豆粥，还有一小碗红绿相间的炒雪里蕻就摆上了桌。小墨子高兴地说：“今天的馅饼烙得真焦，这次的皮一定又脆又香！”

爸爸过来一看见雪里蕻，也兴奋得直搓手，说：“真不错！今天居然能就着粥吃炒雪里蕻。”

“今天的饭让你们俩都能满意！”妈妈看了看爸爸说，“这个雪里蕻是我特意为你腌的，保证美味又健康。”

“吃雪里蕻怎么会不健康呢？”小墨子好奇地问。

“腌菜中容易有过量的亚硝酸盐，这是一种容易致癌的物质。”妈妈说。

“那您这个腌菜和一般的有什么不一样呢？”

“其实，腌菜，简单地说就是利用有益的微生物进行乳酸发酵，因为做法独特，所以就会有区别于其他料理方法的独特风味。而且经过发酵，腌菜有着独特的生物环境，可以抑制有害微生物的生长，使食物贮存期有效延长。亚硝酸盐就是在这个发酵的过程中产生的。”

“那么您是如何避免的呢？”小墨子好奇地追问。

“如果是纯乳酸或纯醋酸细菌接种，是不会存在亚硝酸盐过量的危险的。虽然家庭腌菜无法保证这种环境，但是也可以通过一些手段避免这种危险。这次腌菜首先确保了原料的新鲜，而且菜洗干净之后是用凉开水浸泡的，再有这次用的腌菜坛还经过了高温消毒。最重要的是我还加入了一定量的维生素 C，实验表明，每千克腌菜中放入 400 毫克的维生素 C 就能有效起到减少亚硝酸盐产生的作用。”

“妈妈，您这个菜，腌得太讲究了！”

“而且，这个菜我腌了 22 天，这个阶段的亚硝酸盐的含量基本是最低的。如果腌制时间只有一周左右可不行，因为这时的亚硝酸盐含量达到了峰值。”

“谢谢小墨子妈妈！”小墨子爸爸已经有些迫不及待了，“咱们快来尝尝这健康和美味并重的腌菜吧。”

“那咱们是不是可以说这就是鱼和熊掌可以兼得啊！”

14. 鱼和熊掌如何兼得？

15. 为什么在屁股上打针?

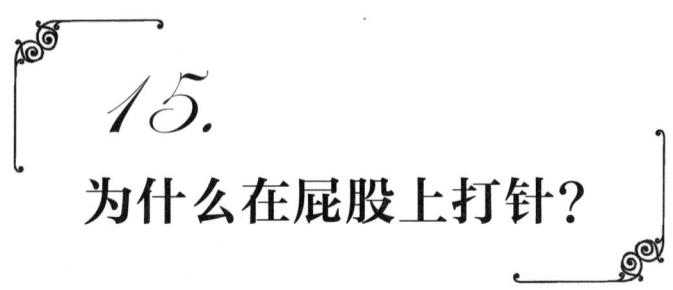

小墨子生病了，躺在床上比往常安静了许多。妈妈特意请假在家里照顾他，爸爸也请假早回来了。下午小墨子更加没精神了，爸爸说：“咱们还是去医院吧。”

换好衣服，拿好医保卡，三人来到医院。经历了挂号、分诊、抽血、化验、等结果这一系列环节，小墨子又坐在了医生面前。医生拿着验血报告单看了看说：“可以开些药回去吃，然后静养，想快些好可以打一针，家长什么意见？”

爸爸妈妈还没说话，小墨子提起精神抢着说：“还是打一针吧，过些天我们棒球队就该比赛了，这次比赛我特别想参加！”医生看了看小墨子，又看了看站在他身后的爸爸妈妈。爸爸妈妈看了看一脸焦急的小墨子，点了点头。医生说：“那好的，我就为这位勇敢的小战士开一记注射针剂，家长缴费后就可以直接带着他去治疗室注射了。”

趴在治疗室的床上，小墨子觉得自己一来医院症状就减轻了。他听见护士阿姨准备器材发出的声音，还闻到一股酒精的味道。一会儿他觉得屁股上边一凉，护士阿姨说：“小朋友稍等啊，现在给你消毒了，就稍微疼一下，马上就好了！”

小墨子说：“谢谢阿姨！没事儿，我不怕。但为什么针要打在屁股上呢？”

“小朋友真是爱问问题。一般我们要注射剂量较少的药剂就注射在臀部，因为这里有肥厚的肌肉，大血管、神经、骨骼组织比较少，但毛细血管非常丰富，这样有利于人体对药物的吸收，可以比较持久且缓慢地向血液输送药物。好啦，已经完成注射了。”护士阿姨说着就完成了注射。

“阿姨您技术真好！我都没感觉呢，您就打完了。”小墨子意外地感叹。

“真是个勇敢的小朋友！而且，在注射的时候我们还要注意，除了避免病人的疼痛，针还要穿过脂肪层注射到肌肉里，药物如果注射到脂肪里，药效就不理想了。”

“谢谢阿姨！我这次看病还有了额外的收获！”

16. 枕好枕头好睡觉

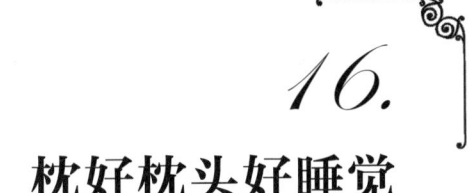

早上一起来，小墨子就觉得头昏脑涨的，像没睡醒一样。他洗了洗脸，想清醒一下，但是还是觉得不舒服。他自言自语："我得测测体温了，我是不是发烧了？但是，身上倒不觉得冷啊。"

妈妈听到了，说："不应该啊，这几天你状态看起来不错，昨天还生龙活虎的呢。"说着妈妈用手背在小墨子脑门上试了试，说："感觉体温还好，应该没有发烧，不过还是用体温计测测吧，更准确。"

这时，爸爸也过来了，说："是不是因为你房间空气不好啊？昨天开窗通风了吗？"爸爸边说边走进了小墨子的房间，一进门他就看见小墨子的枕头掉在地上，便问："你枕头怎么在地上？"

小墨子夹着温度计走进来说："我昨天做梦一直在维护世界和平，和敌人做斗争来着，斗争得很辛苦，我拳打脚踢的，早上就发现头的位置移动了，枕头也掉地上了。哎！时间到了！"说着他取出体温计看了看，"确实不发烧，正常体温。"

爸爸说："那看来问题出在枕头上面。"

"为什么会和枕头有关呢？"一听爸爸的结论，小墨子马上来神儿了，症状似乎也减轻了些。

"人体有四个生理弯曲，分别是颈、胸、腰、骶。"爸爸边说，边在小墨子身上比画着，“枕头能帮助人维持颈部正常的生理弯曲，让身体彻底放松，特别是因为颈部能略向前弯，颈部的肌肉也能够放松了。如果没枕好枕头，会因为肩部低、流到头部的血液增多而影响头部的血液循环，头就容易晕。枕了枕头，头垫高了，胸部也会稍微抬高，人下半身的血液回流减慢从而减轻心脏的负担。而且因为肺没有实实地贴着床，也更利于肺部的呼吸。”

“看来是因为我昨天长时间没枕枕头，所以影响了头部的血液循环。那我今天晚上不但要枕上枕头，还要再加一个！”小墨子信誓旦旦地说。

“哈哈，小墨子，可不能从一个极端走向另一个极端。枕枕头对高度是有要求的，一般在 8~15 厘米，过高过低都不好。枕头太高会让颈部肌肉拉长，不能自然放松，容易出现我们常说的‘落枕’的现象。”

“好的，爸爸，我明白了！一切适度。”

Z
Z
Z

17. 感冒不是冻出来的

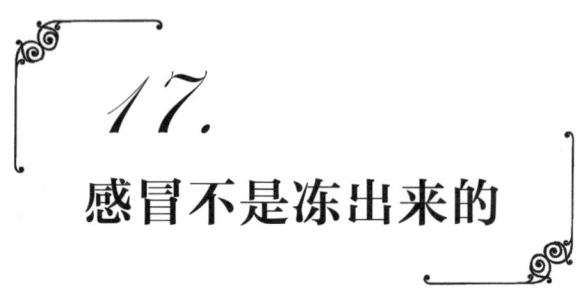

下课了，小墨子来到阿诺座位旁边，看见她同桌的课桌里放着这几天发的不少卷子，不禁感慨：“你的同桌怎么又生病了啊！”

“可不是嘛，降温以来我都快要适应没有同桌的日子了！”阿诺无奈地摊摊手，接着将同桌课桌里的东西拿出来并帮他整理了，“我每隔几天还要把课堂笔记和下发的卷子顺路带给他呢。”

“还是感冒吗？可是我觉得他可穿得不少啊。”小墨子不解地说。

“小墨子这次我可要纠正你一下了，在医学上严格说来没有‘感冒’这个词，这是呼吸道感染。”

“原来是这样啊，我的确不知道。阿诺，你是怎么知道的？”

“我也是上次看病，医生在诊断证明上写的。然后我还问了医生，他说感冒是大家平常的说法。但是，我还是有一个疑问。”

“什么疑问？”

“其实我也觉得很奇怪，为什么我的同桌每次穿的衣服都不少，但是他总生病呢？”

“是啊！咱们来问电话手表吧！去图书馆？”小墨子兴奋地说。阿诺摇摇头说：“你看科学课老师刚教了咱们一些研究方法，咱们今天可以中午去卫生室用访谈法问问卫生老师，你看怎么样？”

“好主意！”小墨子边说边向阿诺竖起了大拇指。

中午两个人来到卫生室，敲门得到允许进入后，向卫生老师说明了来意。

卫生老师赞许地说：“真是有求知欲的好孩子，老师这就讲解一下‘感冒’的原理，等你们听明白了，可以借助学校卫生广播时间，讲给全校的同学。”

“谢谢老师！”小墨子和阿诺异口同声地回答。说完俩人都拿出纸笔准备记录。

“首先要明确，真正导致上呼吸道感染的是飘浮在空气中的病毒和细菌，虽然上呼吸道感染的症状基本都是打喷嚏和流鼻涕等症状，但其实引发这些症状的病毒或细菌却不一样。”说到这里卫生老师特意停顿了一下，等着他们的记录能跟上。

写完最后一笔，阿诺抬起头说：“老师，那我们是不是可以理解成，上呼吸道感染就和穿衣服多少没关系了？”

卫生老师摇摇头，接着说：“虽然感冒不是冻出来的，但天气寒冷时，人体的免疫力就会下降，人体对病毒原有的免疫应答作用也就相应降低。同时，温度越低，鼻黏膜中的毛细血管供血量少，免疫细胞数量也就随之变少，这样进入到鼻腔里的病毒就有更大的可能性去感染细胞，因此还是应该多穿点儿。”

小墨子和阿诺边听边记边点头，老师说：“不用一字不落地记，记些关键词就可以啦。回头你们还可以借助 PPT 讲给大家。”看见小墨子和阿诺抬起头，老师接着说，“如果单纯为了保暖，不建议戴口罩。因为这样会降低鼻腔自身应对冷空气的能力，而且也不一定能确保口罩的清洁。再有，天虽然冷了，但是开窗通风还是很必要。除了这些，还有就是要注意，如果是流感要及时就医，否则会引发肺炎等并发症。”老师看着认真记录的两人，赞许地点了点头。“今天暂时就讲这些吧，你们回去可以好好准备一下，期待你们和全校同学们分享。”

“好的！谢谢老师！”小墨子和阿诺齐声说道。

18. 大数据

今天很奇怪，小墨子一进门就发现妈妈并没有在厨房里忙碌，而是悠闲地坐在客厅的沙发上看电视剧。

“妈妈，我回来啦。您今天怎么这么悠闲啊？”

“哦，是因为咱们今晚要和爸爸的一个朋友一起出去吃晚餐。”

“那和您看电视剧有什么关系呢？”

“这位叔叔是一名视频播放网站的数据分析师。我在想，为什么每次我看过什么东西下次再打开无论是节目还是商品，它都能推荐出类似的呢？为什么一下子就能知道我的需求和喜好呢？这些是不是都经过了数据分析呢？所以，我就又打开确认一下。”

“您也让我试试吧，等我看几段动画片之后再看看，网站是不是就不推荐您之前看的电视剧，都推荐动画片了。”小墨子笑嘻嘻地说。

“哈哈，那咱们就谁也别看了，我看书了，你抓紧时间写作业吧！”妈妈说着，就关掉了电视。

晚上的聚餐很愉快，用餐不久，妈妈先提出了自己的疑问：“数据分析师的工作内容是什么，您能用比较通俗的语言解释一下吗？当打开网站时，它都会推送我喜欢看的片子，这是不是您的工作范围呢？”

“嫂子，您说的这件事的确是我们工作的一部分，我们一般称之为

‘用户画像’，这里面会涉及心理学的内容，做好充分的分析才不会失去用户。同时，我们还要通过数据分析了解哪些时间段的收视率高，出现的弹幕多，分析出原因后还要给网站的相关部门提出建议。”

“叔叔，您一定要建议暑假要多在下午四五点推送动画片！”小墨子兴奋地说。

“哈哈，小朋友的确是我们要关注的人群，而且假期确实也是针对这个人群的关键时期。其实电视台也一样，他们也会在孩子们放假的时候重播一些适合小朋友看的电视剧，比如1986年版《西游记》。”

“是的，叔叔，这部电视剧我几乎每个假期都能在不同频道上看到，熟悉得甚至有些台词都会说了。”

“嗯，所以说大数据分析是第一时间第一手掌握用户动态的最有说服力的窗口。我们不仅把这些反馈给网站，还会通过网站把有些信息反馈给制片方，让他们加以改进呢。”

“难怪呢！有一次我看了一部片子，觉得高潮部分的音乐配得干巴巴的，结果过段时间再看，发现他们把配乐换了一首，这就对烘托剧情起到了非常好的效果，我还推荐给同事了呢！这些也是你们大数据分析师的功劳吧？”妈妈忍不住问。

“确实有您说的这种情况。当然这主要归功于制片方听取我们的建议后进行了很好的调整。”

“叔叔您真谦虚！”

“这个是我的工作啊，我需要进行这样的分析、反馈和服务。”

“哦，对了，听说你们已经建立起了一个大数据智能预测平台，这样运行起来，你刚才说的内容是不是更加系统化、精确化了？”爸爸说。

“大哥，看来您还挺关注我们这个行业啊！”

“叔叔，自从有了我之后，爸爸不仅养成了锻炼的习惯，而且看书学习的内容也变得更广泛了！”小墨子自豪地说。

“那你真是太幸福了！”

冬

18. 大数据

19. 刷刷刷，擦擦擦

冰壶世锦赛期间是小墨子爸爸待在电视前最久的一段时间，只要不影响家里人休息、不影响第二天早起，爸爸会尽量做到一场比赛都不落下。为了不耽误看比赛，他还常常会设置闹钟。总之，种种迹象表明，爸爸对观看这项赛事十分热爱。

如果小墨子做好作业，或者妈妈有空闲时间，他们也会陪着爸爸一起观看比赛。这时候爸爸除了欢呼与叹息，更多是借机会要给坐在身边的人分析一下，讲解一下，评论一下。给小墨子讲的时候，爸爸觉得最有意思，也最有成就感，因为小墨子会问很多问题，爸爸觉得自己可以让他了解更多知识。

这天爸爸一直为即将到来的半决赛而摩拳擦掌，自己准备好了上好的茶叶和好吃的零食。正好看见小墨子从自己房间出来了，爸爸便问:“小墨子，作业做完了吗？咱们一起看场比赛吧！”

“哈哈！我刚好做完作业，这就过来！”小墨子高兴地说。

电视正好回放之前的比赛，只见一名运动员掷出冰壶，冰壶稳稳地向前滑行，另外两名运动员在冰壶向前滑行的方向上使劲儿拿刷子刷着冰。

“看见这冰壶了吗，它重达 19 千克，而且是用一种防水性非常好

的花岗岩做的，为了避免冰壶石被冰面吸附而卡住，它的底部还会有一个轻微的倾斜度。”

这时电视里的冰壶停在一个地方，掷球和刷冰的运动员们都兴奋极了，看来他们是得分了。“这个太有水平了，他们让冰壶正好停在了营垒的中心，现在这个得分让他们队有了翻盘的机会。”爸爸在一旁说。

“他们为什么要刷冰啊？”小墨子问。

“刷冰在冰壶比赛中非常重要。刷冰的时候，运动员需要把自己的重量都压在刷子上面，这种高压能让接触的冰面升温融化，从而形成一层薄薄的液体薄膜，起到润滑的作用以减小摩擦。这样能使冰壶滑行方向更明确，也能让冰壶滑得更远。”

“那这个冰壶比赛的冰面是不是对光滑度要求更高呢？”

“并不是哦，相反，制冰师会在冰冻的冰面上喷上一些非常微小的水滴，让冰面上有很多凸起的小冰粒。特别光滑的冰面反倒更容易让逆时针旋转的冰壶走线弯曲。洒上水滴形成小凸起的冰面可以更好地让运动员通过刷冰来改变冰壶的滑动距离和路线。”

“这个刷冰太帅了！我也好想试试啊。”

“哈哈，没问题！以后你会有很多尝试新事物的机会，咱们可以先安排现场观看一场冰壶比赛。”爸爸还要往下说，这时电视镜头切换了，“好啦，咱们先聊到这儿吧，比赛马上就要开始了。”

20. 积雪消声器

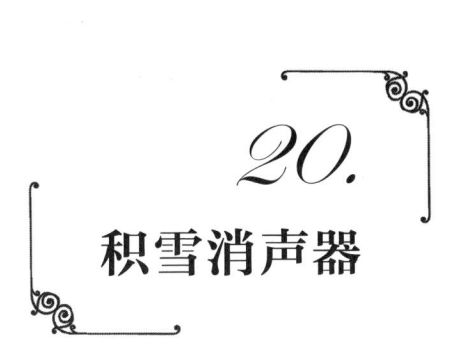

盼啊，盼啊，今年冬天的第一场雪在人们的期盼下，竟然贴心地在周五的晚上下了起来，不但不耽误出行，还能让大家有充分的时间去赏雪。这，岂不快哉!

小墨子晚上都舍不得睡觉，爸爸妈妈就决定陪他一起出去玩儿。三人到了室外，小墨子小心翼翼地踩着还没人触碰过的积雪。雪还下得不厚，踩上去虽然没有咯吱咯吱的声音，但也能印出脚印，这已经能让小墨子心满意足了。

忽然一片雪花落到了小墨子的脖子上，小墨子觉得一凉，顺手一摸，这片小雪花一下子就化成一滴水。小墨子一仰头，发现路灯下鹅毛般的大雪纷纷飘落，天空显得更加深邃。这无尽的夜空也看不到落雪的源头，但就这样一直在飘洒，小墨子不禁看得有些痴了。

回家进了被窝，小墨子还觉得自己不困呢，但没过多久，就传来了他有规律的呼吸声——他已经睡着了。

第二天清早，小墨子是被几只小麻雀的叫声唤醒的，看看表居然快 10 点了。

“哇，我怎么睡了这么长时间!”小墨子边说边揉着眼睛，从自己房间出来了，看见爸爸妈妈在吃早饭，“爸爸妈妈，你们也起晚了吗?

怎么现在才吃饭？”

“是啊，我们也睡得特别好。不用惦记起床，不用担心迟到，而且因为下雪了，特别安静，只需要把窗帘拉好就随随便便地睡到日上三竿了！”爸爸笑着说。

“哈哈！我要去看看雪下得有多厚！”小墨子回到自己房间，拉开窗帘。天被雪映得真亮啊！小墨子仔细看了看，昨天自己踩出的脚印早就被雪盖上了，花坛边的积雪足有半尺厚。小墨子把窗户拉开一条缝，清凉的冷气一下子挤了进来，让小墨子不由得觉得精神一振。雪后的世界仿佛一下安静了，难怪自己早上是被鸟鸣唤醒的。

关上窗户，洗漱完毕，回到客厅，小墨子不禁感慨道：“下雪真是太棒了！不但有雪景，让空气更清新，还有得玩，世界仿佛还变安静了！真是一举多得。”

“是啊，这雪的确是有消声的作用！”爸爸肯定地说。

“真的不是我的错觉吗？但这是为什么呢？”小墨子问。

“其实原因你可以自己思考一下，我先说一个反向的例子吧，如果雪都被压实了，它也就没有什么消音的功能了。”爸爸举了个例子。

“哦，也就是说松软的雪才能起到消音的作用。”小墨子若有所思。

“对！你再想想之前我们讨论过的音乐厅的墙壁。”妈妈提醒道。

“雪花飘落下来，都是松散地堆积在那儿，雪花和雪花之间会有一些空隙，这就相当于音乐厅墙壁上的洞，它们起到了消音的作用？”

“是的，具体说来，当声波穿过蓬松的积雪，声波产生的压力会把空气向下推入积雪中的空隙，这样它自身的能量会受到摩擦力和热效应的影响而减弱，如此一来，声音就变弱了，你听到的声音就更加柔和了。”爸爸进一步分析说。

“我觉得还有一点你们俩没分析到。”妈妈说，“再想想人的因素。”

“人的因素？我想不出来。”小墨子困惑了。

“人的因素……”爸爸想了一下，“哦，我知道了。雪天路滑，大家在路上无论走路还是开车都会特别谨慎，速度自然都会慢一些，这样车声和人声就会减少。对吗？”

妈妈点了点头。

“原来是这样啊！”小墨子恍然大悟。

后　记

当这本书捧在手里的时候，内心颇感欣慰，蛮有小小的成就感。怎么说呢，这是一种坚持的力量，这是一种思考的力量，这也是一种细细捕捉生活印记、感受生活细微变化的力量。

这本书的封面上虽然只写着我一个人的名字，但在这本书的创作过程中，离不开很多人的支持。我要感谢芦先生一直以来对我的鼓励和旁敲侧击。我要感谢小芦同学为我提供创作源泉，我也希望借此给他树立一个榜样，看看坚持是一种怎样的力量。我更要感谢我的父亲老姚同志，他当年不辞劳苦带着我出去旅行；即使玩得很累、玩到很晚，在他的“逼迫”下，我也必须要写日记（能写到睡着的那种）。我想这也是我现在码字感到很惬意甚至可以乐在其中的开始。

看着这本书，我必须还要感谢我工作的学校——北京第二实验小学，她给我提供了优良的环境，给我提供了始终能够和那些鲜活的生命接触的机会，提供了要让自己不断学习进步的动力。

看着这本书，我还要感谢许多的朋友，正是他们提供了机会、搭建了平台、给予了鼓励，我才能最终完成这本书的创作。篇幅有限，不再一一具名，我相信他们会感受到我的感恩之心。

姚煊

2021 年 11 月

读书笔记

读书笔记